El
PSICÓLOGO
de **15** minutos

El
PSICÓLOGO
de 15 minutos

Grupo Editorial Tomo, S. A. de C. V.
Nicolás San Juan 1043
03100, México, D. F.

1a. edición, octubre 2014.

The 15-Minute Psychologist
Anne Rooney
Copyright © 2014 Arcturus Holdings Limited
26/27 Bickels Yard, 151-153 Bermondsey Street,
London SE1 3HA

© 2014, Grupo Editorial Tomo, S. A. de C. V.
Nicolás San Juan 1043, Col. Del Valle
03100 México, D. F.
Tels. 5575-6615, 5575-8701 y 5575-0186
Fax. 5575-6695
www.grupotomo.com.mx
ISBN-13: 978-607-415-698-0
Miembro de la Cámara Nacional
de la Industria Editorial No. 2961

Traducción: Emilio Javelli
Diseño de portada: Karla Silva
Formación Tipográfica: Armando Hernández R.
Supervisor de producción: Leonardo Figueroa

Impreso en México - *Printed in Mexico*
Impreso en Infagón - *Printed by Infagón*

CONTENIDO

De todos modos, ¿qué es la psicología?

El cerebro humano es el más fascinante objeto de estudio o contemplación. Cualquier otro interés que usted pueda tener —el arte, la política, la literatura, el deporte, la mecánica, la astronomía, el ajedrez— se originó con la mente humana y usted utiliza su propia mente para su consecución. Cómo trabaja la mente en la enfermedad y en la salud, es el ámbito de la psicología.

El saber cómo y por qué y lo que pensamos ha fascinado a la humanidad durante milenios, pero hasta hace no mucho teníamos poco más que la metáfora y cuentos para ayudarnos a expresar nuestras ideas sobre el funcionamiento de nuestras propias mentes.

Cerebro y mente, cuerpo y espíritu

En el siglo XVII, el filósofo francés y matemático René Descartes sugirió que el cuerpo humano sigue leyes mecánicas, y así, funciona más bien como una máquina. Podemos aplicar la dinámica de fluidos para explicar cómo fluye la sangre, por ejemplo, y cómo nuestros huesos y músculos trabajan como palancas. Pero Descartes no podía descifrar cómo el espíritu que anima al cuerpo —lo que más tarde se llamaría "el fantasma en la máquina"— encaja.

"Creo, luego existo", dijo (en una investigación filosófica diferente). Probablemente todos estaríamos de acuerdo en que es principalmente nuestra mente la que nos hace ser quienes somos. En teoría, su cuerpo físico podría ser ocupado por otro cerebro (si tuviéramos la habilidad quirúrgica para efectuar un trasplante de cerebro) y ese cuerpo entonces ya no tendría que actuar para "usted", sino para la persona cuyo cerebro está residiendo en él. Localizamos el "yo" que es nuestra identidad en nuestra mente, y nuestra mente está de alguna manera en, o es creada por, nuestro cerebro.

Para explicar la mente en el cerebro, las personas han recurrido a cuentos y religiones. ¿Es un espíritu o un alma lo infundido en nosotros por un dios? ¿Es parte de un vasto mundo o alma universal, un pequeño chip de un bloque cósmico de la conciencia? Hoy en día nos estamos acercando a comprender cómo funciona el cerebro y aunque todavía no podemos ubicar o bien definir la mente, podemos explicar mucho sobre cómo funciona en términos de la neurología.

Psicología, psiquiatría y neurología

La psicología es el estudio de cómo funciona la mente (psique). La psiquiatría aplica algo de ese conocimiento de forma terapéutica para ayudar a las personas con trastornos de la mente. Y la neurología es el estudio de la estructura física y química y el funcionamiento del cerebro. Al estudiar el "cómo funciona la mente", la psicología involucra a la neurología en algunas de sus explicaciones.

¡Cuídate!

La mayoría de nosotros tenemos mentes bastante saludables. Podríamos estar sujetos a alguno de los tipos más comunes de enfermedad mental de vez en cuando, al igual que nuestros cuerpos tienen dolencias físicas. Es posible que a veces tenga problemas de ansiedad o haya sufrido un periodo de depresión, o tenga un trastorno obsesivo-compulsivo (TOC), de la misma manera que usted podría haber tenido una apendicitis o sufrir de un eccema o asma.

DETRÁS DE LA MÁSCARA

Para muchas personas, la enfermedad mental es más aterradora que la enfermedad física. No podemos ver lo que está pasando. No hay erupción o extremidad torcida a la vista, por lo que no podemos imaginarnos cuál es el problema o qué tan grave es. Mucha gente se siente  amenazada por cualquier tipo de enfermedad mental, a pesar de que alguien con (por ejemplo) un TOC o una depresión no significa una amenaza en absoluto para nadie más. No podemos contagiarnos, como podemos contagiarnos la gripe.

A medida que comencemos a entender cómo los desequilibrios en la química o los errores en la estructura del cerebro causan algunos tipos de problemas psicológicos, tal vez la gente estaría menos preocupada. Después de todo, el producir muy poca dopamina en el cerebro (asociado con la depresión y la enfermedad de Alzheimer, entre otras condiciones) no es conceptualmente tan diferente como producir muy poca insulina en el páncreas (que causa la diabetes de tipo 1).

Somos las ratas de laboratorio

Para muchos de nosotros, los aspectos personales más relevantes de la psicología son cómo funcionan nuestras mentes de manera cotidiana. Cómo aprendemos, cómo interpretamos el mundo, cómo nos relacionamos con otras personas y cómo somos. Para averiguar acerca de estos aspectos de la mente, los psicólogos suelen realizar ex-

perimentos, ya sea en el laboratorio o en el "campo" (en el mundo), o realizan estudios, haciendo preguntas o examinando estadísticas, por ejemplo. Solo observando el comportamiento o el desarrollo de un gran número de personas es que los psicólogos pueden lograr entender lo que cae en el centro del espectro, lo que llamamos casualmente "normal". Algunos estudios de psicología se centran exclusivamente en mentes disfuncionales. Esto no es solamente porque las mentes disfuncionales podrían necesitar un tratamiento especial y terapia, sino también porque ayudan a arrojar luz sobre las mentes "normales".

Trabajo duro

Los estudios psicológicos están plagados de problemas. Si la gente sabe que su comportamiento está siendo investigado a menudo lo modifican. Podrían hacer esto por varias razones: Para complacer al investigador, por parecerse al tipo de persona que les gustaría ser, por ser perverso o, quizá inconscientemente, porque la situación desconocida de la configuración del laboratorio los pone ansiosos. Eso significa que muchos estudios han tenido que ser subrepticios, y eso plantea problemas éticos. Algunos de los experimentos emblemáticos en la psicología no estarían permitidos por un comité de ética en la actualidad. Los sujetos de estudio no dieron su consentimiento para lo que en realidad iba a pasar con ellos, sino a menudo por algo completamente distinto. Y algunos experimentos se arriesgaron causando verdadero daño psicológico a las personas seleccionadas (por ejemplo, alentándolos a actuar de formas de las que más tarde se arrepentirían). Más adelante vamos a ver algunos ejemplos de experimentos en psicología que tuvieron efectos potencialmente dañinos en sus sujetos.

¿Somos afines?

Es difícil decir hasta qué punto los resultados de un estudio pueden extenderse a la población en general, especialmente a aquellos de culturas diferentes. Los sujetos de estudio suelen ser de un cierto tipo —las personas que están de acuerdo con facilidad o que se ofrecen como voluntarios para participar en los experimentos— y, por tanto, no son necesariamente típicos de la población en general. Los sujetos de estudio a veces se eligen de un grupo aún más específico de personas, estudiantes en o cerca de un departamento de psicología que están cortos de efectivo y, por lo tanto, están dispuestos a tomar parte en un experimento por el dinero. Por ejemplo, ¿hasta dónde pueden los resultados de

¿Todos compartimos la misma mente? ¿Qué tanto es común el funcionamiento de la mente a todos los seres humanos, y cuánto se debe a la forma en que vivimos o nos hemos criado?

estudios recopilados por estudiantes universitarios estadunidenses acaudalados de veintiún años de edad, extenderse para explicar el comportamiento de un cabrero afgano de la tercera edad, de trabajadores de una fábrica de ropa en Bangladesh, de monjas tibetanas o de magnates de los negocios brasileños?

Nuevos enfoques

Normalmente, la psicología observa nuestro estado emocional y nuestro comportamiento. En el pasado los psicólogos solo podían llegar a conclusiones acerca de cómo funciona nuestra mente poniendo atención a lo que decimos y hacemos. La estructura física del cerebro era el reino de los neurólogos. Pero hoy en día los psicólogos también pueden ver la mente en acción mediante el uso de diversas tecnologías de escaneo cerebral para revelar lo que el cerebro está haciendo en ciertos momentos y cuando sentimos ciertos estados de ánimo. Como resultado, la neurología y la psicología están acercándose una a la otra cada vez más, incluso en la realización de algunos proyectos conjuntos. Así es que ahí es donde vamos a empezar, con lo que podemos aprender de un cerebro. Pero a partir de entonces vamos a deambular más libremente alrededor de la mente, solamente tocando bases biológicas de vez en cuando.

Cuestiones sensibles

Hay dos muy grandes preguntas dominantes en psicología que se desvían hacia los reinos de la filosofía, la biología evolutiva y la jurisprudencia. Una de ellas es: ¿Hasta qué punto es la mente el producto

Comparaciones fisonómicas de un hombre y un mono, y de un hombre y un toro. La creencia de que el carácter interno de un individuo se puede leer en su apariencia externa ("fisonomía") era popular durante los siglos XVIII y XIX; muchos escritores de la época, como Charles Dickens y Edgar Allan Poe, incluyeron descripciones fisonómicas de los personajes en su trabajo.

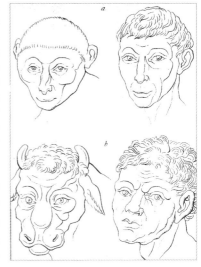

de la naturaleza (nuestra herencia biológica), o el resultado de la crianza (nuestro medio ambiente y la educación)? La otra es: ¿Hasta qué punto podemos decir que tenemos libre albedrío y, consecuentemente, este nos hace responsables de nuestras propias acciones? Ambas preguntas se superponen.

Algunas de las preguntas planteadas en este libro tratan aspectos sobre cómo gran parte de nuestra estructura psicológica es innata y cuánto proviene del medio ambiente. El Capítulo 7, "¿La moralidad es natural?", y el Capítulo 18, "¿Qué es lo que ves?", ambos tocan este tema. Parece que la estructura básica del cerebro nos da ciertos dones intrínsecos, como la capacidad de aprender el idioma y la capacidad de interpretar lo que vemos. Estas son las habilidades que cada nuevo ser humano no necesita aprender desde cero. En otras palabras, somos el producto de nuestro medio ambiente.

Los capítulos 6, "¿La indulgencia puede malcriar a un bebé?" y 17, "¿Se puede detectar a un psicópata?" tratan sobre cómo la crianza puede afectar la salud mental de una persona en la vida posterior.

Si gran parte de nuestro comportamiento está determinado por la química del cerebro o por la estructura, o por factores de la primera infancia sobre los que no teníamos control, ¿podemos hacernos responsables de lo que hacemos? Muchos sistemas jurídicos estipulan que la gente es menos responsable si se tiene presuntamente una discapacidad mental, pero esto es totalmente una defensa específica. El psicópata con la combinación de la estructura del cerebro y la educación que hace que sea casi inevitable que mate, pese a eso será encerrado por asesinato. Recientemente, la psicología ha ido aún más lejos en socavar el libre albedrío: La totalidad del constructo podría ser una ilusión (véase la página opuesta). Si la gente está condenada a seguir ciertos caminos, los temas de la recompensa y el castigo se vuelven muy complejos.

No intente hacer esto en casa

Las cuestiones planteadas aquí no están, en general, relacionadas con los trastornos mentales y las respuestas sugeridas no pretenden ser prescriptivas. Por favor, no use este libro para tratar de diagnosticar cualquier problema mental en sí mismo o en otros. El libro pretende echar un vistazo a cómo funciona la mente, pero no da respuestas definitivas y no puede empezar a cubrir todos los enfoques que los psicólogos han tomado. ¡Ah!, y por favor, no trate de reproducir cualquiera de los experimentos descritos.

¿ES EL LIBRE ALBEDRÍO UNA ILUSIÓN?

Los estudios del cerebro en acción han demostrado que cuando pensamos que estamos haciendo una elección libre, nuestro cerebro ya ha comenzado a actuar. En un experimento de neurología realizado en 2008, los investigadores usaron un escáner cerebral para medir la actividad del cerebro de sujetos que estaban escogiendo si presionar un botón con la mano izquierda o derecha. Y descubrieron que el cerebro disparó las neuronas asociadas varios segundos antes de que los sujetos creyeran que habían decidido.

Otros experimentos han encontrado resultados similares. Cuando se utilizan escáneres cerebrales para monitorear a las personas que creen que están eligiendo libremente el mover partes de su cuerpo, el área del cerebro que está preparando el movimiento está activa durante alrededor de un segundo antes de que la persona se mueva. La intención consciente de mover y el movimiento mismo, suceden prácticamente al mismo tiempo. Parece que —si tenemos libre albedrío en absoluto— no está donde creemos que está. El sentimiento de decidir moverse es nuestra interpretación de algo que ya ha sucedido en el cerebro. Otra parte del cerebro, de la cual no nos damos cuenta, al parecer ha decidido el movimiento y lo ha comenzado. Luego tenemos la sensación de "Oh, lo sé, voy a mover mi mano", y para entonces ya está sucediendo. ¡Espeluznante!... Tal vez esas personas que piensan que están controladas por alienígenas tienen razón después de todo.

Capítulo 1

¿Qué podemos aprender de un cerebro?

No podemos ver funcionando el cerebro como podemos ver un corazón bombeando.

La psicología es el estudio de lo que sucede en el cerebro: El pensar, aprender, la personalidad, los sueños, los deseos, la formación del carácter, la determinación de la conducta y los trastornos de todos esos. Pero a diferencia del estudio de lo que ocurre en, por ejemplo, el corazón, no hay un proceso mecánico que observar directamente. Así que los científicos han tenido que encontrar algunas ingeniosas maneras de monitorizar nuestros procesos de pensamiento.

Ver nuestros pensamientos

En los primeros días de la psicología la única forma de ver un cerebro directamente era una vez que su dueño había muerto. Todo estudio psicológico tenía que ser a través de experimentar con, observar y cuestionar a usuarios cerebrales vivos. Mientras todas esas técnicas se mantienen extremadamente útiles hoy en día, ahora tenemos formas de ver el cerebro vivo mientras está haciendo sus cosas. Pero ver el cerebro plantea tantas preguntas como respuestas. Conocer acerca de la biología del cerebro solo nos llevará hasta cierto punto. Podemos ver que está

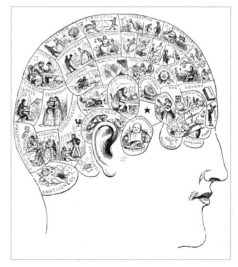

haciendo algo, pero aún no podemos ver exactamente qué está haciendo, ni cómo. Podemos ver neuronas que se disparan cuando alguien piensa, pero no podemos ver lo que ellas están pensando, o por qué tuvieron ese pensamiento, o cómo van a recordarlo (u olvidarlo).

El tamaño importa

ANIMAL	NEURONAS	ANIMAL	NEURONAS
Mosca de fruta	100 000	Cucaracha	1 000 000
Ratón	75 000 000	Gato	1 000 000 000
Babuino	14 000 000 000	Humano	36 000 000 000

La lateralización de las funciones cerebrales

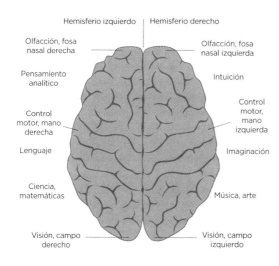

Hemisferio izquierdo | Hemisferio derecho

Olfacción, fosa nasal derecha

Olfacción, fosa nasal izquierda

Pensamiento analítico

Intuición

Control motor, mano izquierda

Control motor, mano derecha

Lenguaje

Imaginación

Ciencia, matemáticas

Música, arte

Visión, campo derecho

Visión, campo izquierdo

¿Dónde va cada cosa?

Durante miles de años la única manera de descubrir qué partes del cerebro se utilizaron para diferentes funciones era observar a las personas que habían sufrido lesiones en la cabeza y notar cómo esto había afectado su capacidad mental o física, su estado de ánimo o su comportamiento. Los cambios derivados de la lesión en la cabeza eran un buen indicio de que diferentes partes del cerebro eran responsables de diferentes funciones (emociones, cognición, personalidad y así sucesivamente). El examen post mortem revelaba daños cerebrales que podrían estar relacionados con cambios o el deterioro de la función que se observaron en la persona cuando estaba viva. Para adquirir una perspectiva interesante sobre el funcionamiento del cerebro, los científicos necesitaron una gran cantidad de cerebros para examinar y equipo científico sofisticado para hacerlo. Así que el cerebro era más o menos un libro cerrado hasta el siglo XX. No es un libro muy abierto, incluso ahora.

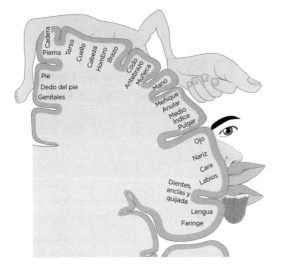

Este diagrama muestra qué áreas del cerebro corresponden a la entrada sensorial de diferentes partes del cuerpo. El tamaño relativo de las diferentes partes del cuerpo indica la cantidad del cerebro que está involucrada en el procesamiento de las señales que recibe, por lo tanto, la mano se muestra mucho más grande que el pie.

El desafortunado Phineas Gage

La idea de que partes específicas del cerebro podrían ser responsables de diferentes funciones se originó con el caso médico de un capataz de construcción de ferrocarril llamado Phineas Gage. El 13 de septiembre de 1848, Gage resultó gravemente herido cuando una barra de hierro —una larga vara puntiaguda que pesaba seis kilos— se disparó accidentalmente a través de su cabeza. Entró atravesando la mejilla y salió por la parte superior de la cabeza, llevándose con ella fragmentos de su cerebro. Perdió un poco más de masa cerebral cuando vomitó, y "alrededor de media taza" de cerebro cayó en el piso, de acuerdo con el médico que le atendió. El principal daño fue causado a uno de los lóbulos frontales de su cerebro.

Aunque sus amigos tenían un ataúd listo y esperando por él, notablemente, Gage (derecha) vivió. Sin embargo, su personalidad cambió considerablemente durante un largo periodo. En lugar del hombre educado y amable que había sido antes, se volvió difícil y antisocial, aunque no tuvo el terrible carácter que la leyenda sugiere. Su ineptitud social mejoró con el tiempo y terminó sus días trabajando como conductor de diligencia en Chile. Es posible que la rutina de su nueva vida ayudara en su rehabilitación, ya que la actividad estructurada resulta ser útil en el tratamiento de muchos pacientes que sufren un daño en los lóbulos frontales.

En dos mentes

El cerebro se compone de dos mitades, o hemisferios. Cada hemisferio contiene las mismas estructuras y existe comunicación entre los dos a través de un grueso manojo de fibras nerviosas llamado *cuerpo calloso*. La forma como los dos hemisferios trabajan juntos fue explicada por Roger W. Sperry, un neuropsicólogo que trató a los pacientes con epilepsia severa cortando el *cuerpo calloso*. Suena drástico, y era, pero curó su epilepsia. Después de que cortó la conexión entre los dos hemisferios, la mano derecha, literalmente, no sabía lo que hacía la mano izquierda. Al principio, la cirugía parecía tener poco impacto en los pacientes, aparte de aliviar su epilepsia. Pero la investigación de los pacientes con cerebro dividido de Sperry pronto reveló que había habido cambios importantes. En el proceso, Sperry ganó nuevos conocimientos sobre cómo trabajan juntas normalmente las dos mitades del cerebro.

Sperry encontró que si se presentaba una imagen en el campo visual derecho (procesado por el lado izquierdo del cerebro), el paciente podría nombrar el objeto de la imagen de manera hablada o escrita, pero si se presentaba al campo visual izquierdo no podían hacerlo.

> *"[Cada hemisferio es] de hecho un sistema consciente por su propio derecho, percibir, pensar, recordar, razonar, desear y emocionar, todo a un nivel característicamente humano, y... ambos hemisferios izquierdo y derecho pueden ser conscientes simultáneamente en experiencias mentales diferentes, incluso mutuamente contradictorias, que operan en paralelo".*
> Roger Wolcott Sperry, 1974

Podían, sin embargo, identificar el objeto señalándolo. A partir de esto, Sperry llegó a la conclusión de que el lenguaje se procesa en el lado izquierdo del cerebro.

También encontró que los objetos que le son mostrados al lado izquierdo del cerebro, solo pueden ser reconocidos por ese lado. Si él mostraba diferentes símbolos a los campos visuales derecho e izquierdo y luego pedía a las personas que dibujaran lo que habían visto, solo dibujaron el símbolo mostrado al campo visual izquierdo. Si entonces les preguntaba lo que habían dibujado (no visto), ellos describían el símbolo en el campo visual derecho. Los objetos originalmente vistos en el campo visual izquierdo fueron reconocidos si se veían de nuevo en el campo izquierdo, pero no si luego se veían en el campo visual derecho.

Mira en el interior

Ya no tenemos que esperar a que la gente muera antes de que podamos mirar a sus cerebros. Hay varias maneras en que podemos supervisar o examinar la estructura y la actividad cerebral:

- Una tomografía computarizada (TC) utiliza rayos X y una computadora para producir imágenes tridimensionales del cerebro. Muestra la estructura normal y puede poner de relieve los daños, tumores y otros cambios estructurales o anomalías.

- Un electroencefalograma (EEG) controla los impulsos eléctricos producidos por la actividad cerebral. Puede revelar el estado de activación de la persona (dormir, despertar y así sucesivamente) y mostrar el tiempo para que un estímulo pueda desencadenar una actividad cerebral o revelar las áreas en las que la actividad del cerebro tiene lugar cuando el sujeto realiza una acción o se expone a un estímulo.

¿CEREBRO IZQUIERDO, CEREBRO DERECHO?

En la psicología popular es común referirse a las funciones o personalidades del "cerebro izquierdo" y del "cerebro derecho". Si la mitad izquierda de su cerebro es dominante (o eso dice la historia), usted será bueno para el pensamiento lógico y analítico, y más objetivo que una persona que piense con el lado derecho del cerebro. Si la mitad derecha del cerebro es la que está a cargo, será intuitivo, creativo, reflexivo y subjetivo. Pero esto es una tontería. Casi todas las funciones se llevan a cabo aproximadamente en partes iguales por las dos mitades del cerebro. Cuando hay diferencias, no hay variación entre individuos en cuanto a qué hemisferio hace más de una cosa u otra.

$$(a - b)^3 =$$
$$= a^3 - 3a^2b +$$
$$+ 3ab^2 - b^3$$

La única área de diferencia significativa es la del procesamiento del lenguaje, como fue descubierto por Sperry. El hemisferio izquierdo trabaja en la sintaxis y el significado del lenguaje, mientras que el hemisferio derecho es mejor en el contenido emocional y los matices del lenguaje. Pero eso es todo, no es suficiente para formar un constructo "cerebro izquierdo = lógica; cerebro derecho = creativo".

- Una tomografía por emisión de positrones (TEP) revela la actividad en tiempo real del cerebro al mostrar dónde se están concentrando el oxígeno o la glucosa radiactivamente etiquetada. Esto es porque mientras más duro trabaje el cerebro, más oxígeno y glucosa utiliza. Es útil para ver qué partes del cerebro se utilizan para las tareas o funciones específicas.
- La imagen por resonancia magnética (IRM) combina ondas de radio con un potente campo magnético para detectar diferentes tipos de tejido y obtener imágenes anatómicas detalladas del cerebro.
- La magnetoencefalografía (MEG) capta las señales magnéticas diminutas producidas por la actividad neuronal. Esto actualmente es caro y no se utiliza ampliamente, pero proporciona la señal más detallada en tiempo real de la función cerebral.

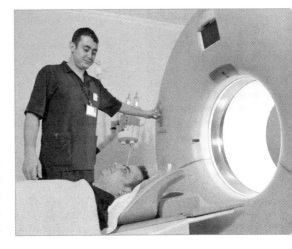

Por primera vez, los escáneres cerebrales muestran a los psicólogos qué partes del cerebro están involucradas en los distintos tipos de actividad y el comportamiento. Al comparar los escáneres cerebrales de asesinos psicópatas, por ejemplo, muestra que todos ellos tienen anormalidades cerebrales similares (véase la página 181).

Úsalo o piérdelo

Si los psicólogos dependían en el estudio de cerebros dañados para su investigación, hubieran hecho un progreso lento. Por suerte, cerebros sanos y que funcionan son igualmente útiles.

En 2000, Eleanor Maguire de la Universidad College de Londres, utilizó la resonancia magnética para comparar los cerebros de taxistas de Londres y un grupo de control con hombres de la edad y perfil similar. Los taxistas pasan hasta cuatro años memorizando las rutas a través de las 25 000 calles de Londres. Esto se conoce coloquialmente como el "conocimiento". El estudio de Maguire demostró que el hipocampo posterior del cerebro del taxista es significativamente más grande que el hipocampo en los miembros del grupo de control. Esta investigación no solo indica la importancia del hipocampo en la navegación y la conciencia espacial, sino también que el cerebro (o, al menos, el hipocampo) puede adaptarse con el uso regular, construyendo como un músculo que se fortalece con el ejercicio repetido.

Cuanto más tiempo los hombres habían trabajado como taxistas, era más marcada la diferencia. Maguire encontró en un estudio de seguimiento que en los taxistas jubilados, que ya no estaban usando el "conocimiento" y, por tanto, ya no ejercitaban tanto el hipocampo, el tamaño de este se había reducido a uno normal.

¿SOLO SE UTILIZA EL 10 % DEL CEREBRO?

Otro mito de la psicología popular es que solo utilizamos el 10% de nuestro cerebro. De hecho, usamos todo nuestro cerebro, aunque no todo al mismo tiempo. Es muy probable que muchos de nosotros no utilicemos nuestro cerebro a todo su potencial la mayor parte del tiempo, pero todas las áreas del cerebro tienen una función y usted hace uso de esas funciones durante el curso de un día o una semana. Siempre puede hacer algo más, cuando se aprenden nuevas habilidades, su cerebro hace nuevas conexiones entre las neuronas para almacenar conocimientos y patrones de comportamiento. Pero esas conexiones no están allí vacías languideciendo, "solitarias y deambulando débilmente", y en espera de ser llenadas.

No es posible conducir un taxi mientras se realiza una tomografía por RM, pero Maguire fue capaz de utilizar un juego de computadora que involucraba el navegar alrededor de Londres para ver el cerebro del conductor del taxi en acción. Se encontró con que el hipocampo era más activo al inicio de la tarea, cuando el conductor tenía que pensar y planificar la ruta. El estudio de Maguire fue importante no solo por mostrar qué área del cerebro se utiliza para la navegación, sino también que podía adaptarse con una mayor estímulo, una habilidad que es prometedora para las personas que han sufrido daño cerebral y necesitan rehabilitación.

Cerebros en frascos

Mucho antes de que tuviéramos las tecnologías de imagen modernas, los científicos suponían que si ellos fueran capaces de mirar el

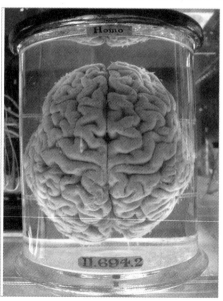

cerebro de alguien, podrían ver las diferencias físicas entre, por ejemplo, personas muy brillantes y aquellos con inteligencia promedio o entre delincuentes violentos y ciudadanos respetuosos de la ley. No resultó ser así de simple. Por ejemplo, las personas inteligentes no tienen los cerebros más grandes, como podríamos esperar. Cuando Albert Einstein murió en 1955, se le retiró el cerebro, fue examinado, fotografiado y almacenado, desapareciendo durante veinte años hasta que fue re-

descubierto en 1978. El cerebro había sido cortado en 240 pedazos para su examen microscópico, lo cual fue un fastidio para los investigadores posteriores.

No hubo ninguna diferencia de tamaño entre el cerebro de Einstein y los cerebros "normales" (es decir, los cerebros de los que no eran físicos galardonados con el premio Nobel). Pero hubo algunas diferencias estructurales. El cerebro de Einstein en realidad carece de algunas de las características que se encuentran en los cerebros normales y se ha sugerido que esto pudo haber ayudado a hacer conexiones neuronales más fácilmente. El lóbulo parietal inferior del cerebro de Einstein era 15% más ancho que el de los demás y esa zona se utiliza para el pensamiento matemático, la visualización del movimiento y el conocimiento espacial-visual. También hubo más conexiones entre las partes de su cerebro que lo habitual.

Observar los cerebros de las personas muertas también nos ayuda a entender la enfermedad mental. Los cerebros de las personas que tuvieron la enfermedad de Alzheimer muestran la pérdida de tejido y encogimiento.

Con escáneres cerebrales podemos ver cuando la gente está pensando o soñando, qué parte del cerebro funciona en diferentes actividades y si existen anomalías o daños en el cerebro. Pero todavía no podemos *ver* lo que la gente está pensando. Aunque ver los pensamientos de los demás tendría graves implicaciones para la privacidad personal, podría ser muy útil para las personas que están paralizadas y no pueden comunicarse.

Mente y cuerpo, ¿quién es el jefe?

Descartes lidió con el problema de cómo la mente y el cuerpo podrían interactuar —de cómo la intención mental para levantar una mano podría traducirse en la acción misma. De hecho, el cerebro parece tener mucho más influencia sobre el cuerpo que eso.

Uno de los trastornos mentales más extraños es el raro síndrome de Cotard. Los que padecen esta terrible enfermedad creen que están muertos. Hasta el advenimiento de los escáneres cerebrales, no había ninguna explicación sobre cómo esto podía suceder. Pero investigación reciente ha revelado algunas pistas. Parece que en el síndrome de Cotard el vínculo entre los sentidos y el sistema límbico y las amígdalas, responsables de las emociones, es completamente nulo. La consecuencia es que todo lo que el paciente ve, oye, huele o toca no despierta ninguna reacción emocional en absoluto. Y la única forma en que la persona puede racionalizar su completa falta de compromiso con el mundo es mediante la conclusión de que en realidad está muerto. Algo que parece ser una prueba irrefutable de la locura (no es un término útil en el mejor de los casos) en realidad tiene una base racional, con el cerebro mirando a las pruebas presentadas por su dañado ser y llegando a una conclusión que parece encajar en todos los sentidos menos uno.

"¡Dios mío, mi brazo está desprendido!"

De acuerdo con el neurocientífico Vilayanur S. Ramachandran, los sentimientos extremos de despersonalización y desrealización que sufren muchas personas con trastornos de depresión y ansiedad pueden deberse a un tipo similar de mecanismo, pero en una escala más pequeña.

"¡Por Dios, señor, he perdido mi pierna!".
"¡Por Dios, señor, la ha perdido!".
Intercambio entre Lord Uxbridge y el Duque de Wellington en la batalla de Waterloo, 1815

Una desconexión temporal podría explicar el fenómeno bien documentado de la gente que no siente o no está consciente de una lesión traumática en momentos de gran tensión. En caso de emergencia, las amígdalas se cierran y la corteza del cíngulo anterior, que se encuentra profundamente en el cerebro, se vuelve hiperactivo. Esta estructura le mantiene alerta y así le ayuda a tomar la respuesta adecuada en una situación dada. Este es el truco que el cerebro está utilizando en el caso de los soldados que no sienten cuando pierden una pierna en la batalla.

En la enfermedad y en la salud

Todos hemos oído hablar de la enfermedad psicosomática, la mala salud física para la que no existe una causa física. Hay muchos síntomas físicos relacionados con el estrés, la depresión y la emoción extrema, incluyendo dolores de cabeza, vómitos, dolor de estómago y dolores musculares. También estamos familiarizados con el efecto placebo de tratamientos que no tienen componentes farmacológicos activos, pero que hacen que la gente se sienta mejor. Está bien documentado que si las personas creen que están recibiendo un medicamento potente o eficaz, a menudo mejoran incluso si solamente se les ha dado pastillas de azúcar. Muchas personas sospechan que al menos algunas terapias alternativas funcionan a través del efecto placebo, cuando funcionan del todo.

Tal vez la más sorprendente y convincente evidencia de hasta qué punto el cerebro puede controlar el cuerpo proviene del inverso del efecto placebo, llamado efecto nocebo. Esto es cuando la enfermedad, o incluso la muerte, son provocadas por una sustancia inofensiva, solo porque el sujeto espera que haya un efecto perjudicial. Alrededor del 25% de las personas que recibieron un placebo en un ensayo clínico van a desarrollar los efectos secundarios que se les dijo que podían esperar de la droga real.

... especialmente en la enfermedad

Las personas que mueren después de haber sido maldecidas son un buen ejemplo del efecto nocebo en acción. Un practicante de vudú, por ejemplo, que cree en la eficacia de una maldición, a menudo muere cuando se maldice a sí mismo, a pesar de que no haya ninguna razón física para hacerlo. Muchos médicos se han dado cuenta de

que algunos pacientes mueren poco después de recibir un pronóstico negativo, mucho antes de que fueran propensos a morir por la enfermedad misma. En un caso, un joven involucrado en un ensayo clínico tomó una sobredosis (29 cápsulas) de lo que él pensaba que era un antidepresivo y se enfermó. Cuando se le dijo que había estado en el grupo de control, tomando un placebo inocuo, rápidamente se puso mejor. Incluso ha habido sugerencias de que las advertencias sanitarias en los paquetes de cigarrillos podrían hacer a los cigarrillos más peligrosos.

Capítulo 2

¿Qué te impulsa?

El primer objetivo del cerebro es ayudarle a sobrevivir.
Después de eso, él persigue otras necesidades.

¿Por qué hace las cosas que hace? Hay muchos motivadores diferentes. Usted hace el desayuno porque tiene hambre, y va a trabajar porque necesita el dinero. Pero cuando se han satisfecho las necesidades básicas, es probable que pase a hacer las cosas que cree que le harán feliz.

La pirámide de Maslow

En 1954, el psicólogo estadunidense Abraham Maslow publicó un diagrama que, según él, explicaba la motivación humana. La "pirámide de las necesidades" muestra una jerarquía de necesidades que, dijo, se deben cumplir en un orden. Tratar de responder a estas necesidades proporciona, de acuerdo con Maslow, la motivación para todas las empresas humanas. Cuando se ha cumplido una necesidad, nosotros movemos nuestra mirada a la siguiente en orden.

Alimento y agua

En la parte inferior de la pirámide de Maslow están las necesidades físicas más fundamentales, la necesidad de alimento, agua, sueño, aire y las funciones corporales básicas (incluyendo el sexo, curiosamente). Una vez que se han cumplido estas necesidades básicas, las personas avanzan para tratar de satisfacer la necesidad de seguridad. Esto no es solo la seguridad física, sino la sensación de seguridad que viene de tener un trabajo estable, una casa que no será embargada y un grado razonable de confianza de que no se va a caer muerto de un ataque al corazón en cualquier momento (como le pasó a Maslow).

Aunque los psicólogos han avanzado en gran medida desde la pirámide de Maslow, todavía se le refiere extensamente en estudios empresariales y la sociología.

Moralidad, creatividad, espontaneidad, resolución de problemas, falta de prejuicios, aceptación de hechos → Autorrealización

Autoestima, confianza, logro, respeto de los demás, respeto por los demás → Estima

Amistad, familia, intimidad sexual → Amor / pertenencia

Seguridad del cuerpo, del empleo, de la moral, de la familia, de la salud, de la propiedad → Seguridad

Respiración, alimentación, agua, sexo, sueño, homeostasis, excreción → Fisiológico

Jerarquía de necesidades de Maslow

Usted y ellos

Después de la seguridad, podemos avanzar a las necesidades que se relacionan más a nuestro lugar en relación con los demás. La necesidad de amor y pertenencia se cumple por tener familia, amigos y (de nuevo) la intimidad sexual. Monjas y monjes célibes no resisten muchas posibilidades en el mundo de Maslow.

LA PSICOLOGÍA HUMANISTA DE MASLOW

Abraham Maslow (1908-1970) nació en Nueva York, siendo el más joven de siete hijos. Fue clasificado como mentalmente inestable, sufrió los prejuicios antisemitas y la intimidación y tuvo una relación muy difícil con una madre que ni le gustaba ni la respetaba. Más tarde, trabajó en la Universidad de Columbia con el psicólogo Alfred Adler (uno de los primeros colaboradores de Sigmund Freud), quien se convirtió en un mentor para él. Maslow tomó la determinación de trabajar en la psicología de la mente sana, en lugar de seguir el camino más habitual de la psicopatología —trabajando para entender y remediar los trastornos de la psique. Él se propuso descubrir lo que motiva a la gente, cuáles son las fuentes y los impulsos de la fuerza y la realización personal— un estudio que llamó "psicología humanista". Su trabajo sobre la jerarquía de las necesidades, la autorrealización y las experiencias cumbre ha sido muy influyente.

El siguiente nivel es la necesidad de ser bien visto por otros. Esta es la estima y el respeto, incluyendo la autoestima y la confianza. Ermitaños y anacoretas que no tienen trato con los demás no es necesario aplicar.

El pináculo de la pirámide es la "autorrealización", punto en el que la gente está satisfecha y se han convertido en las personas que quie-

NECESIDADES Y DESEOS

La diferencia entre necesidades y deseos es que las necesidades son cuantificables y finitas y los deseos no lo son. Una vez que se cumplan nuestras necesidades básicas, podemos pasar a otra meta, así que una vez que tengamos suficiente aire, alimentos y agua, no necesitamos mucho más. (Aunque nos guste un tipo diferente de comida o un pudín extra, no lo necesitamos.) Los deseos son infinitos. Podríamos querer un teléfono móvil, pero luego, cuando tenemos uno, queremos uno mejor, o también queremos una cámara, o un coche grande. Los deseos son insaciables, ya que siempre surgen más, como dos nuevas cabezas de una hidra decapitada.

LOS ESTOICOS Y LOS CÍNICOS

Los movimientos filosóficos de cinismo y estoicismo, junto con algunas religiones orientales, trazan un camino a la tranquilidad, la iluminación o la autorrealización que se desvía en torno a muchas de las "necesidades" que dijo Maslow que tenían que ser cumplidas. De hecho, tienden hacia la creencia de que la satisfacción viene de elevarse por encima de (en lugar de satisfacer) las necesidades. La persona que pueda aprender a no inquietarse por necesidades insatisfechas podrá disfrutar de una vida más tranquila y satisfactoria, que una que siempre está luchando por la próxima promoción, el televisor más grande y la cuenta de gastos más abultada.

ren ser (véase el Capítulo 15 —¿*Eres el mejor "tú" que puedes ser?*, página 60).

Hechos y motivación

Maslow propuso que es la jerarquía de las necesidades la que motiva el comportamiento humano. Si tenemos hambre, vamos a buscar antes que nada comer. Si no tenemos el suficiente sueño, esto gobernará nuestra conducta al tratar de asegurar el tiempo y espacio para descansar. Una vez que se cumple un nivel de necesidades, estamos motivados para satisfacer el siguiente nivel de necesidades. Maslow afirma que no podemos hacer frente a estas necesidades fuera de una secuencia —solo

El filósofo griego Diógenes evitaba la propiedad, viviendo casi desnudo en una tinaja abandonada en el mercado y comiendo las sobras que otros le daban. Estaba tan autorrealizado que se dice que Alejandro Magno comentó que si él no pudiera ser Alejandro, querría ser Diógenes.

Podría pensar que necesita un teléfono inteligente para vivir de manera eficiente —pero ¿es solo un intento equivocado de satisfacer una necesidad de autoestima e identidad?

podemos progresar a la necesidad, por ejemplo, de seguridad de empleo una vez que tengamos suficiente comida y agua.

Solo cuando se cumplan todas las necesidades inferiores podemos mirar para satisfacer la necesidad de autorrealización. Como consecuencia de ello, ya que muchas personas no son capaces de satisfacer las necesidades más bajas, muy pocos de nosotros —quizás tan solo el 1 o 2%— llegará a ser o sentirse autorrealizado. Esto es más bien una perspectiva deprimente, que debe tener decepcionado a Maslow, que tuvo la intención de clasificar el lado feliz de la psicología.

Pero, ¿es todo cierto?

¿Qué hay de nuevo?

Durante milenios, la filosofía y la religión se habían enfrentado a los impulsos que Maslow identificó como necesidades superiores

La mortificación de la carne no libera, de acuerdo con el pensamiento de Maslow, la mente de concentrarse en cosas más elevadas, pero la encadena firmemente a las necesidades del cuerpo. Él diría que somos más propensos a lograr la plenitud intelectual con un cómodo jumper que con un cilicio.

contra las que llamó necesidades inferiores. La dinámica central entre ellas era una de conflicto, no de progresión. Para Maslow era inusual el reconocer la importancia —incluso la primacía— de las necesidades que gente como Diógenes querían negar o suprimir. Para Maslow, cosas más grandes llegaban a ser posibles cuando las necesidades físicas se cumplían y no se evitaban.

¿Quién, cuándo, dónde?

Maslow elaboró su jerarquía de necesidades después de estudiar y considerar una muestra limitada de personas. La jerarquía está sesgada hacia las preocupaciones de los estadunidenses blancos de sexo masculino. Trabajando a partir de reglas de Maslow, Jesucristo no habría logrado la autorrealización, cayó a las primeras de cambio, habiendo nacido en un establo, de padres pobres y comprometido a la castidad. De manera más general, la jerarquía de Maslow no es aplicable a muy diferentes culturas o sociedades en diferentes tiempos y lugares. Los Estados Unidos de la década de 1950 era una sociedad individualista. ¿Cómo sería su pirámide de haberse desarrollado en una sociedad colectivista, en el que las personas son dirigidas no a su desarrollo personal, sino hacia el bien del grupo de la familia o de la sociedad en su conjunto?

Es evidente que incluso en una sociedad individualista algunas de las necesidades pueden saltarse y la gente todavía puede alcanzar la autorrealización. Ha habido un sinnúmero de personas creativas que han vivido en la pobreza o enfermedad, sin seguridad social o física, y aun así han sido capaces de producir un trabajo maravilloso. Beethoven era sordo, Solzhenitsyn estaba en la cárcel, Marie Curie se

"Don´t Stop Me Now" fue grabada una línea a la vez debido al estado de salud de Freddie Mercury —sin embargo, es el himno definitivo a la autorrealización.

estaba muriendo de la enfermedad producida por la radiación y Freddie Mercury de SIDA cuando hicieron algunas de sus mayores obras. La adversidad puede incluso ser un estímulo para la autorrealización.

Algunos estudios que comparan la percepción de las necesidades en Estados Unidos y el Medio Oriente, en tiempos de guerra y tiempos de paz, arrojaron diferencias significativas en la priorización de las necesidades. Algunas necesidades también cambian con la edad —los niños priorizan las necesidades físicas y la necesidad de amor, y los adolescentes y adultos jóvenes se preocupan más por estima.

¿Más pirámides o menos?

La Pirámide de Maslow se amplió durante las décadas de los años 1960 y 1970 a siete o incluso ocho niveles. Los nuevos niveles fueron cognitivo y necesidades estéticas, las cuales fueron insertas por debajo de la autorrealización y las necesidades de trascendencia (muy de la década de los sesenta), que se colocó en el nivel de arriba. Las necesidades cognitivas son el requisito para el conocimiento y el significado; las necesidades estéticas se refieren a la apreciación de la belleza, la forma y el equilibrio. La trascendencia cubre el fomento de la autorrealización en otros.

ERC-onómicos

El psicólogo estadunidense Paul Clayton Alderfer (nacido en 1940) desarrolló la pirámide de Maslow de manera ligeramente diferente, categorizando las necesidades como la promoción de la

SEXO Y VIOLENCIA MANTENIDOS BAJO CONTROL

Sigmund Freud, el padre del psicoanálisis, divide la psique en tres niveles: El ello, el yo y el superyó. El ello eran los instintos desenfrenados, pasiones y apetitos, la codicia después de la satisfacción sexual y una buena batalla. Era mantenido en orden por el yo, que negoció el camino del ello a través del mundo para evitar el exceso de conflicto. El superyó era algo así como la conciencia y podía impedir que algunas de las inspiraciones más extravagantes del ello llegaran a buen término. El ello, entonces, es la fuerza motivadora principal y el yo y el superyó lo mantienen bajo control.

existencia, relación y crecimiento (ERC). Alderfer vio el nivel más bajo en el esquema de Maslow en relación con la "existencia" física. Clasificó las necesidades que tenían que ver con un lugar en la sociedad y las relaciones con los demás como "relación". La necesidad de autoestima y autorrealización las etiquetó como "crecimiento".

Alderfer hizo un lugar en su esquema para la regresión. Si no se cumple una necesidad de mayor nivel, el individuo se deslizará por la escalera y hará esfuerzos redoblados en una necesidad menor con la esperanza de satisfacer una necesidad mayor. Esto lo podemos ver todos los días en las personas que piensan que van a estar satisfechas y contentas si ganan más y gastan más en una variedad de "cosas". El intento de satisfacer las necesidades espirituales a través de la adquisición de bienes físicos está condenado al fracaso.

Todo está bien

Mientras que algunos psicólogos hicieron entrar con calzador nuevos niveles en la pirámide de Maslow, otros estaban dispuestos a demolerla. En su lugar llegaron los sistemas que proponen un plano más horizontal de las necesidades.

El economista alemán de origen chileno y ambientalista, Manfred Max-Neef, ha propuesto una taxonomía de las necesidades humanas que él ve como interrelacionadas e interdependientes. Clasifica las necesidades humanas como:

- subsistencia - protección - afecto - comprensión
- participación - ocio - creación - identidad - libertad.

Ajustándolas en categorías del ser (cualidades), tener (cosas), hacer (acciones) e interactuar (ajustes) desarrolló una matriz de treinta y seis artículos.

NO PUEDO OBTENER NINGUNA SATISFACCIÓN

Es evidente que Max-Neef tenía una considerable necesidad personal por clasificar las cosas, así que clasificó cinco tipos de "satisfactores", un método para cumplir (o no cumplir) con las necesidades. Estos son:

- Violadores: Estos afirman satisfacer una necesidad, pero en realidad empeoran la situación. Un ejemplo sería llevar un arma para satisfacer una necesidad de seguridad personal.
- Pseudo-satisfactores: Estos claman satisfacer una necesidad, pero en realidad tienen muy poco o ningún efecto real. Un ejemplo podría ser vestirse con ropa de diseñador para tener un sentido de pertenencia e identidad, mientras que la identidad pertenece a la ropa, no a usted.
- Satisfactores inhibidores: Satisfacen una necesidad, y por lo tanto hacen que sea difícil la satisfacción de otras necesidades. Por ejemplo, si los padres son demasiado atentos, hacen que sea difícil para su niño el desarrollar independencia y una seguridad, que tiene sus raíces en su propio sentido de la responsabilidad.
- Satisfactores singulares: Estos satisfacen una necesidad individual y no tendrán ningún impacto en las demás. Por ejemplo, la asistencia alimentaria provista a las personas que tienen hambre ayuda a satisfacer su necesidad de alimento, pero no se refiere a la necesidad de vivienda o de calefacción o mejorar sus perspectivas a futuro para la seguridad alimentaria. Los programas gubernamentales y caritativos a menudo caen en esta categoría.
- Satisfactores sinérgicos: Estos satisfacen una necesidad específica y también ayudan a satisfacer otras necesidades. Por ejemplo, el proporcionar comidas escolares gratuitas nutritivas da a un infante alimento, pero también ayuda a formar el conocimiento sobre la alimentación saludable y promueve un sentido de comunidad.

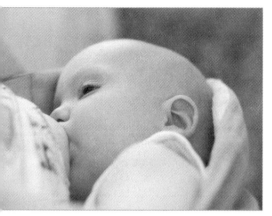

La lactancia materna es un satisfactor sinérgico: No solo proporciona al bebé el alimento, sino que también aumenta la inmunidad contra las enfermedades, el afecto, la cercanía y unión, y desarrolla el apego (véase el Capítulo 6: ¿La indulgencia puede malcriar a un bebé? página 73).

Estas necesidades humanas fundamentales no tienen que ser satisfechas en ningún orden en particular y la satisfacción de alguna contribuirá en cierta medida a la satisfacción de otras. No forman una jerarquía, pero para que una sociedad prospere la gente tiene que sentir que se cumplen todas estas necesidades. La satisfacción de estas necesidades da a una comunidad una forma de identificar y medir sus "riquezas" y "pobrezas".

¿Tiene lo que necesita?

El primer paso para cumplir con nuestras necesidades es identificarlas. A menos que optemos por uno de los esquemas al por mayor, como la jerarquía de Maslow o la taxonomía de Max-Neef, tenemos que dilucidar nosotros mismos cuáles son nuestras metas. Eso es más fácil decirlo que hacerlo, como lo demuestra el mercado masivo de publicaciones de autoayuda. Para muchas personas, el verdadero objetivo es ser feliz. Pero, ¿cómo lograrlo?

Capítulo 3

¿Tienes una mente propia?

Usted puede creer que sabe lo que piensa, pero la mayoría de nosotros somos fácilmente influidos para cambiar nuestras ideas.

Imagine esto: Usted está viendo un programa de talentos en la televisión y todo el mundo está apoyando al intérprete que odia. ¿Va a cambiar la tendencia y criticar al favorito? ¿O va a ir con la corriente, y tal vez incluso llegue a decidir que el tipo no es tan malo en realidad? Después de todo, si a todos sus amigos les agrada su acto, tal vez se está perdiendo de algo...

Los experimentos psicológicos sugieren que a menudo somos menos resistentes a la presión para conformar aquello en lo que podríamos creer. Vamos a aceptar las opiniones de otras personas, incluso cuando no hay ningún costo material al no conformarse. ¿Por qué es usted arcilla en sus manos?

El experimento de conformidad de Asch

En 1951, el psicólogo social de origen polaco, Solomon Asch (1907-1996), llevó a cabo un experimento pionero sobre la conformidad en el Colegio Swarthmore, en Pennsylvania. En la parte principal del experimento, un sujeto fue colocado con siete personas que se presentaron como voluntarios, pero que en realidad eran cómplices de Asch que trabajan con un guion acordado.

Al grupo se le mostró dos tarjetas. Una presentaba una sola línea. La otra mostraba tres líneas de diferentes longitudes, una de las cuales coincidía con la línea de la primera tarjeta. Se pidió al grupo decir cuál de las tres líneas, denominadas A, B y C, correspondía con la sola línea. Esto se repitió muchas veces. Para la primera serie de ensayos, los cómplices de Asch dieron la respuesta correcta. A partir de ahí, todos dieron la misma respuesta equivocada. Todos los cómplices dieron sus respuestas primero, dejando al voluntario al final para dar una respuesta cada vez. Asch estaba interesado en ver si los voluntarios serían influidos por las respuestas erróneas dadas por otros.

En un experimento de control, un voluntario tuvo que dar respuestas sin que otras personas estuvieran presentes y, por tanto, sin la presión de tener que estar de acuerdo. En el grupo de control, el voluntario dio una respuesta incorrecta menos del 1% de las veces. Esto demostró que la tarea no era especialmente difícil.

Los sujetos en el experimento de Asch tuvieron que decir qué línea de la tarjeta de la derecha coincidía con la línea de la tarjeta de la izquierda.

En la prueba genuina, los voluntarios dieron respuestas erróneas el 33% de las veces cuando los cómplices también dieron la respuesta equivocada, con el 75% de los voluntarios que dan una respuesta equivocada al menos una vez. Después Asch entrevistó a los participantes y les explicó la verdadera naturaleza del experimento. Anotó cómo explicaron su comportamiento.

¿A lo largo de las líneas correctas?

Las personas que se ajustaron a la respuesta del grupo, siendo o no correcta, podrían:

- en realidad creer que la respuesta incorrecta era cierta —relativamente pocos cayeron en este grupo.

- haber llegado a un punto en el que se dieron cuenta de que debían estar equivocados ya que todo el mundo estuvo de acuerdo en una respuesta diferente —Asch llama a esto "la distorsión del juicio".
- haberse dado cuenta de que todo el mundo estaba dando la respuesta equivocada, pero estuvo de acuerdo con ella para no ser la excepción o parecer inferior —Asch llamó esto una "distorsión de la acción".

Más personas decidieron que debían estar mal si todo el mundo estaba de acuerdo, poniéndolos en el grupo de "distorsión del juicio".

Entre los que no se ajustaron al consenso, la gente podría:
- actuar con confianza al no estar de acuerdo, a pesar de que sentía un poco de conflicto.
- actuar de una manera retirada, sin conflictos.
- mostrar duda, pero aun así dar la respuesta que pensaban que era verdadera, ya que sintieron la necesidad de hacer la tarea correctamente.

Únete al club - por un tiempo

En variaciones de su experimento, Asch descubrió que había menos conformidad si una sola persona daba la respuesta correcta, o si a los sujetos se les permitía dar su propia respuesta por escrito en lugar de hacerlo públicamente. Esto sugiere que ellos no querían parecer tontos frente a los demás participantes por dar la respuesta "equivocada", aunque ellos lucharan ya sea por saber la respuesta o para presentarse a sí mismos que no estaban de acuerdo con el veredicto de la mayoría.

Asch citó sus resultados experimentales como evidencia de la influencia social normativa, es decir, que la gente tiende a conformarse públicamente ante la decisión o el punto de vista de la mayoría, con el fin de ser aceptado

por el grupo, aunque en privado estén en desacuerdo o rechacen el punto de vista. Pero el psicólogo social John Turner argumentó que los participantes revelaron en las entrevistas que tenían verdadera incertidumbre sobre la respuesta correcta. La respuesta podría haber sido obvia para los investigadores, pero no tenía que haber sido así para los participantes (aunque al mirar las cartas es difícil ver cómo la gente podría haber dado genuinamente la respuesta incorrecta). ¿Realmente dudaron de la respuesta, o estaban tratando de convencerse de que lo hicieron porque prefirieron verse a sí mismos como mediocres al comparar líneas más que conformarse con una mala decisión? John Turner desarrolló la teoría de la autocategorización, que trata de cómo nos vemos a nosotros mismos y cómo interpretamos nuestras propias acciones.

La presión de grupo

El experimento de Asch trata sobre la presión de grupo. Esta es la presión que todos sentimos (y muchos responden a) para cumplir con las normas de nuestro grupo social. No es solo la publicidad que te hace comprar una determinada marca de teléfono inteligente o de tenis. También está influido si las personas que le rodean lo tienen. ¿Si todas esas personas exigentes —en el grupo social que respeta, pertenece o aspira a unirse— eligen un producto en particular, seguramente deben estar en lo cierto? La presión de grupo se supone que explica por qué los jóvenes emprenden el fumar, el sexo entre menores de edad y el acoso cibernético.

Los anunciantes promueven una imagen de personas exitosas / atractivas / inteligentes "como tú" que compran y utilizan sus productos, de modo que incluso si la gente a su alrededor no los está utilizando, usted se considerará una persona ajena a menos que se conforme. Usted es una persona atractiva, inteligente, ¿no es así? Entonces, ¿por qué no tiene el reloj, el teléfono móvil, o el automóvil que es la insignia de su tribu? Se necesita un poco de confianza en sí mismo para comprar un teléfono móvil barato, poco atractivo, cuando todo el mundo que le conoce posee el último modelo elegante.

La presión de grupo también es aprovechada deliberada y cínicamente en otras áreas de la vida.

Los empleadores tienen ejercicios de enlace tales como los campamentos de supervivencia de fin de semana, fiestas y otros eventos sociales que fomentan la creencia en los empleados de que están entre amigos, no solo compañeros de trabajo. Si usted se siente como si perteneciera a un grupo en el que los otros miembros aparecen temprano y trabajan duro, lo más probable es que vaya a hacer lo mismo.

No es gran cosa

El experimento Asch no era siniestro. No se requería a los participantes a hacer algo inmoral o incluso particularmente incómodo. Lo peor que un inconformista podría esperar era la burla de la gente que no

LA PRESIÓN DE GRUPO - ¿QUIÉN PRESIONA A QUIÉN?

Cuando pensamos en la presión de grupo, tendemos a imaginar a "compañeros" poniendo presión sobre alguien para hacer algo, por ejemplo, fumar un cigarrillo o beber alcohol. Eso sucede, pero más a menudo la presión viene de nosotros mismos. Queremos ser parte del grupo que hace acrobacias peligrosas o toma drogas en las fiestas porque esas personas son *cool* y queremos ser vistos como persona *cool* y vernos a nosotros mismos como *cool*. La presión interna es más persuasiva que la presión externa —y potencialmente mucho más peligrosa.

conocía, y lo peor que podría experimentar un conformista era ver-güenza cuando se reveló la verdadera naturaleza del experimento. Pero es el principio de algo mucho peor. Es fácil subestimar el poder de la presión de grupo. ¿Hasta dónde va a llegar la gente a fin de ajustarse, de ser parte de una tribu? Parece que van a hacer cosas que antes se consideraban impensables.

La Tercera Ola

En 1967, en Palo Alto, California, el profesor de historia Ron Jones estaba teniendo dificultades para convencer a sus estudiantes de se-cundaria de que el fascismo podría haber echado raíces firme y rápi-damente en la Alemania nazi. A su favor, los estudiantes encontraron difícil creer que los ciudadanos alemanes ordinarios e inteligentes pudieran haber creído en una ideología que condujo a las cámaras de

gas y la ambición de crear un *Reich* de 10 000 años. Incapaz de lograr que lo aceptaran con el uso de sus métodos de en-señanza habituales, Jones de-cidió mostrárselos.

Empezó un movimiento, que él llamó la Tercera Ola, y que te-nía el objetivo de derrocar a la democracia. Podría pensar que el objetivo en sí mismo alejaría a los estudiantes, pero hizo un caso convincente para un sistema diferente que estaba en mejores condiciones de ofrecer un alto nivel de rendimiento y así mayores recompensas para los individuos. El problema con la democracia, él decía, es que por centrarse en el individuo, se reduce la fuerza del grupo.

Una pendiente resbaladiza

En el primer día, él insistió en que los estudiantes se levantaran al hacer o contestar una pregunta, iniciar cada comentario dirigiéndose a él como "Señor Jones", sentándose de acuerdo con su mapa de asientos y seguir una estricta disciplina en clase. Actuando como una figura autoritaria, mejoró la eficiencia de la clase considerablemente. Originalmente, tenía la intención de detener el experimento después del primer día. Pero iba bien, por lo que lo llevó un poco más allá.

> *"Fuerza a través de la disciplina, fuerza a través de la comunidad, fuerza a través de la acción, fuerza a través del orgullo".*
> Lema del grupo de la Tercera Ola de Jones

El segundo día, introdujo un saludo y exigió que los alumnos se saludaran con él, incluso fuera de la clase. Todos ellos cumplieron. El grupo desarrolló una coherencia y autodisciplina bastante sorprendentes. A la gente le gusta pertenecer, y cuanto más especial parezca la pertenencia, más la quieren. Al tercer día, el "movimiento" se había extendido más allá de la clase de historia con otros estudiantes que pedían unirse. El rendimiento académico y la motivación de todos los miembros mejoraron dramáticamente. Jones asignó a los miembros tareas individuales, como el diseño de una bandera, y les mostró la forma de iniciar a nuevos miembros.

Él les dijo que excluyeran a los no miembros de su clase. Al final del tercer día, había doscientos miembros (había comenzado con solo los treinta miembros de la clase de Jones). Algunos miembros espontáneamente comenzaron a reportar a cualquier miembro que violara las reglas. Se había convertido en un movimiento de autovigilancia.

Hasta el final

En el cuarto día, Jones sintió que el experimento se le estaba yendo de las manos y decidió acabar con él. Les dijo a todos los miembros que el movimiento era parte de un movimiento nacional que se anunciaría al día siguiente y que ellos debían asistir a un mitin al mediodía para ver una emisión del candidato presidencial del movimiento. Cuando ellos se presentaron, les dijo que habían sido parte de un experimento sobre el fascismo y que todos se habían unido de buen grado —y rápidamente— a un grupo convencido de su propia superioridad. Luego, les mostró una película sobre la Alemania nazi. *Touché*.

Entonces, ¿quién crees que eres?

De acuerdo con la psicóloga Wendy Ratio, el "efecto de cambio de identidad" está en funcionamiento cuando cedemos a la presión de grupo. Para empezar, tenemos miedo al rechazo social si nuestro comportamiento no coincide con el comportamiento estándar del

Miles de libros arden en una gran hoguera así como alemanes hacen el saludo nazi.

grupo. Cuando ajustamos nuestro comportamiento para encajar, nos sentimos incómodos porque nuestro comportamiento ahora no coincide con nuestras creencias o normas. Esta es la disonancia cognitiva (véase la página 263). Para deshacernos del conflicto interno, ajustamos nuestros estándares para que coincidan con los que acabamos de aprobar. Esto nos devuelve al estado armónico de no conflicto, ya sea interno o externo, y el estado feliz de encajar con nuestros pares. Todo el mundo es feliz. Pero a veces son nazis felices.

Capítulo 4
¿Todos para uno o uno para todos?

¿Somos naturalmente egoístas o generosos? ¿O ser generoso es simplemente otra manera de ser egoísta?

Si se deja a nuestros propios recursos, ¿seríamos todos amables unos con otros o seríamos brutales y egoístas? Los psicólogos y filósofos han argumentado en el caso de cualquiera de las posiciones. La biología y el principio del gen egoísta, podría argumentarse en cualquier caso —es bueno para usted, como individuo, para avanzar en su propia causa y la de su familia (sus genes); pero para la especie en su conjunto, es mejor si cooperamos y somos amables unos con otros.

> *"Ella es tan buena amiga que tiraría a todos sus conocidos en el agua por el placer de pescarlos de nuevo".*
> Charles Maurice de Talleyrand (1754-1838)

Los humanos salvajes

Si pudiéramos investigar los seres humanos en su "estado salvaje" podríamos examinar el comportamiento innato y sin la corteza de las sutilezas sociales establecidas durante milenios. Pero no podemos, e incluso los antropólogos del siglo XX que estudiaron las sociedades no industrializadas aún estaban buscando sociedades con las normas que, o bien refuerzan u oscurecen lo que podría ser un comportamiento natural. Aun así, los seres humanos son animales y podemos observar a otros animales para ver si la empatía y el altruismo son rasgos de origen natural. Si otros animales son cooperativos por naturaleza, incluso altruistas, tal vez la gente también lo es.

¿Son las ratas más amables que tú?

Tendemos a pensar que las ratas son sucias, portadoras de enfermedades y feroces. Pero son (también) inteligentes y altruistas. Un estu-

¿EXPULSADO DE LA CUEVA?

Si los seres humanos, de manera natural, tuvieran una actitud de "todos para uno", esperaríamos que las personas que ya no fueran funcionalmente útiles fueran excluidas de las sociedades con escasos recursos. Sin embargo, la evidencia sugiere que este no es el caso. Restos de habitantes de las cuevas prehistóricas han sido descubiertos con signos de lesiones graves o discapacidades que les habrían impedido reunir o preparar la comida, o la realización de otras tareas esenciales. Algunos han sido claramente cuidados en la vejez, o durante un tiempo considerable después de que ocurriera su discapacidad.

El esqueleto de un hombre prehistórico con discapacidad que se encontró en el norte de Vietnam. Los arqueólogos han concluido que él habría tenido poco o ningún uso de sus brazos y habría sido incapaz de alimentarse por sí mismo. Solo podría haber sobrevivido hasta la edad adulta al ser atendido por otros miembros de su comunidad.

Un hombre de unos veinte años, enterrado en el norte de Vietnam hace 4000 años, tenía graves discapacidades, causadas por una condición genética que se habría iniciado en la adolescencia. Que él hubiera sobrevivido durante otros diez años demostró que otros habían cuidado de él a pesar de no poder contribuir a la comunidad. El esqueleto de un hombre de hace 45000 años con discapacidad grave que se encontró en Irak, y el cráneo de un niño con daño cerebral que vivió en España hace 530000 años, muestran que la "atención en la comunidad" se remonta a un largo camino.

dio realizado en 1958 encontró que si al presionar una palanca para conseguir comida daba una descarga eléctrica a otra rata, las ratas pasarían hambre.

Un estudio más sofisticado en 1967 exploró esto más a fondo. Una jaula tenía dos palancas para entregar alimentos, una que era fácil de manejar y otra que era muy difícil de manejar. Sensatamente, las ratas utilizaron la más fácil. Pero cuando el sistema se cambió para que un segundo grupo de ratas recibiera una descarga eléctrica cuando se utilizaba la palanca, las ratas cooperaron para hacer funcionar la palanca difícil entre todas juntas.

En el año 2011, un estudio realizado en Chicago encontró que el altruismo de las ratas podía llegar aún más lejos. Al ofrecérseles la opción de operar una palanca para liberar a una rata atrapada, o comer chocolate, las ratas liberaron a la rata atrapada. Luego compartieron el chocolate. Las ratas pudieron haber comido el chocolate primero y luego liberado a la otra rata, pero eligieron la opción de compartir.

¿Es el altruismo bueno para usted?

Los monos pasan mucho tiempo aseándose entre sí. Este aparente acto de bondad tiene evidentes beneficios para la comunidad. Ayuda a formar vínculos entre los individuos, haciendo a la comunidad más fuerte. Reduce la población de parásitos, por lo que la comunidad es más saludable y beneficia a cada individuo. Pero hay más que eso.

Algunos científicos han sugerido que el altruismo en animales (y humanos) puede hacer que un individuo sea atractivo para una pareja. No solo son amables, sino que tienen recursos de sobra. Una pareja con tiempo de sobra para cepillar a sus hermanos, debe ser bueno en la búsqueda de alimentos.

Stuart Semple, de la Universidad de Roehampton estudió el aseo y el estrés en los monos macacos de Berbería. Encontró que los monos que acicalan a otros tienen niveles de estrés más bajos que los que no lo hacen. Podría ser que el estar relajado totalmente y libre de estrés hace más probable que los monos cepillen a sus vecinos, en lugar de que el arreglo personal reduzca el es-

"No te escondas detrás de tales superficialidades como si debes o no debes dar un centavo a un mendigo: Esa no es la cuestión. La cuestión es si tienes o no el derecho a existir sin darle ese centavo. La cuestión es si debes seguir comprando tu vida, centavo a centavo, de cualquier mendigo que podía optar por acercarse a ti. La cuestión es si la necesidad de los demás es la primera hipoteca sobre tu vida y el propósito moral de tu existencia. La cuestión es si el hombre ha de ser considerado como un animal expiatorio. Cualquier hombre de autoestima contestará: 'No.' El altruismo dice: '¡Sí!'".
Ayn Rand, 1960

trés —no podemos estar seguros de la causa y el efecto sin más investigación.

Entonces, ¿el altruismo es egoísta?

Posiblemente. Ayudar a los demás nos hace sentir bien. También hace que los demás nos admiren. Algunas personas evitan la admiración social, dando de forma anónima, pero aún así obtienen satisfacción personal por hacer el bien. Incluso podrían obtener una satisfacción adicional al rehuir la aclamación del público.

En cuanto a la supervivencia de una especie, el altruismo es útil, por lo que sería beneficioso para la evolución el habernos hecho sentir bien cuando somos generosos. Eso sí, no se sienta que puede ocupar el terreno moral con demasiado fervor cuando lo hace, porque sabemos que lo disfruta de verdad.

Ha habido muchos informes de delfines auxiliando a los que tienen problemas en el mar, ayudando a mantener a los nadadores a flote, y ahuyentando a los tiburones que vienen a atacarlos. También son conocidos por guiar ballenas varadas de nuevo a aguas profundas.

Capítulo 5

¿A quién le importa lo que piensan los famosos?

Solamente porque alguien sabe cantar no significa que entiendan de política o de cualquier otra cosa.

Los cantantes son famosos y exitosos ya que pueden cantar bien, los actores, porque pueden actuar bien, los deportistas (mujeres y hombres), ya que pueden practicar el deporte bien y los y las modelos, porque son bien parecidos. Si quieres un ejemplo de cómo cantar, actuar, hacer deporte o quedar bien, no puedes vencerlos. Pero, ¿por qué nos importa lo que piensan acerca de la política, la caridad, la crianza de los hijos, dietas, cocinar o cualquier otro de los temas en los que muchos de ellos incursionan o se pronuncian?

Esto se llama el "efecto aureola".

Parece un buen hombre

En 1920, el psicólogo estadunidense Edward Thorndike publicó sus hallazgos sobre cómo los oficiales al mando calificaron a los soldados a su cargo. Los oficiales al mando tenían que evaluarlos en las cualidades físicas (como la pulcritud, la voz y el porte), el intelecto, las habilidades de liderazgo y cualidades personales (incluyendo la confiabilidad, lealtad y altruismo). Los oficiales tendían a encontrarlos ya sea buenos en todos los ámbitos, o bastante mal en casi todo. Hubo pocos casos de oficiales al mando que calificaran a los soldados bien en algunos atributos y mal en otros.

Parece que tenemos una tendencia a generalizar a partir de un atributo a los demás, por lo que una opinión positiva de alguien es probable que se extienda a todos los ámbitos de su personalidad. Por el contrario, si la tomamos en contra de alguien, vamos a suponer que son malos hasta la médula. Esto no solo incluye los rasgos relacionados (si alguien es malo y egoísta, podría parecer razonable suponer que será inútil y tacaño), pero también se extiende a aspectos no relacionados (por ejemplo, el supuesto de que a medida que son egoístas también carecen de inteligencia). Es una tendencia que puede incluso mezclar atributos

VOTE POR REAGAN - PERO ¿POR QUÉ?

Muchos actores se han convertido en políticos. Algunos han sido genuinamente gente inteligente y fueron buenos políticos. En algunos, el jurado aún está deliberando. En otros casos, su desempeño fue incesantemente pobre. Durante su tiempo en el cargo de presidente de Estados Unidos, Ronald Reagan padeció la burla por su evidente estupidez y pereza, lo atraparon durmiendo durante conferencias importantes en varias ocasiones, y fue grabado dando información que por ser tan imprecisa era risible. Sin embargo, estos rasgos también fueron claros cuando era gobernador de California y aun así fue propuesto y votado como presidente. ¿Por qué? Porque a la gente le gustaba su cine, su familiaridad y su manera de ser, por lo que supuso que sería un buen presidente. Al final resultó que, bajo Reagan, Estados Unidos disfrutó de un periodo de prosperidad económica y seguridad nacional, con una baja tasa de desempleo y se dio el fin de la Guerra Fría. California también fue boyante cuando era gobernador (a diferencia de la época de Arnold Schwarzenegger, otro actor). No todos los actores hacen malos políticos, por supuesto. Pero votar por alguien sobre la base de que es un buen actor no es una buena estrategia.

físicos y psicológicos. Por ejemplo, no gustar de la voz o el acento de alguien, o encontrarlos físicamente atractivos o repelentes, puede afectar cómo vemos su carácter.

¿Usted compraría ropa interior de David Beckham?

Los anunciantes confían en el efecto aureola cuando usan a las celebridades para endosar sus productos. Algunas promociones tienen sentido: Si un atleta exitoso anuncia zapatos deportivos, hay buenas razones para suponer que podría distinguir un buen tenis cuando lo ve. (Aunque es más probable que él solo distinga un buen millón de dólares cuando lo ve.) Pero ¿por qué compartiríamos su gusto por la ropa interior?

Del mismo modo, ¿por qué una joven modelo hermosa, demasiado joven para tener arrugas, promueve una buena crema para las arrugas?

Los anunciantes siempre trabajan en la aspiración y la asociación —vemos una persona atractiva en un entorno glamoroso usando un producto y caemos en la conclusión de que algo de ese glamur se embarrará en nosotros si usamos el mismo producto. Sin embargo, el respaldo de las celebridades va más allá de eso, en que negocia nuestra suposición inconsciente de que si alguien es bueno para el canto / actuación / patear una pelota, también tendrá buen juicio cuando se trata de elegir cereales para el desayuno / coches / ropa interior.

La buena impresión creada por la asociación del producto con la celebridad es "pegajoso", lo recordaremos incluso si no sabemos nada más sobre el producto, por lo que es más probable que lo elijamos. Por supuesto, lo contrario también es cierto, si no nos gusta la celebridad, seremos menos propensos a elegir el producto. Es por eso que solamente las celebridades físicamente atractivas e inofensivas son escogidas generalmente para aparecer en anuncios y el por qué los anunciantes se apresuran a abandonar a las celebridades que se ven envueltas en escándalos vergonzosos.

> *"En un estudio, los hombres que vieron un anuncio de automóviles nuevos que incluía a una modelo seductora y joven, calificaron el coche como más rápido, más atractivo, más de aspecto caro, y mejor diseñado que los hombres que vieron el mismo anuncio sin la modelo. Sin embargo, cuando se les preguntó más tarde, los hombres se negaron a creer que la presencia de la joven había influido en sus juicios".*
>
> Robert Cialdini, Universidad Estatal de Arizona

Las primeras impresiones cuentan

Las primeras impresiones son notoriamente difíciles de cambiar. Si usted causa una mala impresión la primera vez que conoce a alguien, es difícil conseguir que piensen bien de usted. Y si a usted le agrada alguien inmediatamente, entonces tiene que hacer algo seriamente malo antes de volverse contra él o ella.

No nos gusta estar equivocados o admitir que estamos equivocados. Y repasar nuestras primeras impresiones implica admitir a nosotros mismos que nos equivocamos en nuestra evaluación inicial. Realmente preferiríamos pasar tiempo con alguien que ahora sabemos que no es muy agradable que admitir que nos equivocamos al juzgarlas como personas agradables en un principio. Cuanto más tiempo y energía emocional invertimos en alguien, más difícil es admitir que estábamos equivocados acerca de ellos.

No podría haberlo hecho

Cuando una celebridad es acusada de un crimen horrible, hay a menudo una reacción instintiva entre el público para hacer la denuncia. Pero mucho depende de la imagen pública que la celebridad haya proyectado previamente. Cuando el director de cine Woody Allen fue acusado de abuso, por parte de su hija adoptiva en 2014, muchas personas que no tenían conocimiento personal de los individuos o del caso, llegaron a conclusiones acerca de su inocencia o su culpabilidad. Aquellos que asumieron que su hija mentía basaron su punto de vista sobre su admiración por él como director de películas. (Así como muchas personas asumieron que era culpable, por razones igualmente infundadas, pero no basadas en el efecto aureola.)

El alcance del maltrato infantil llevado a cabo por el presentador de música británico Jimmy Savile solo se descubrió después de su muerte. Su popularidad como artista y su trabajo por la caridad le hizo inmune a la sospecha y a la investigación durante su vida —incluso cuando las señales eran claramente evidentes. La "cultura del abuso" dentro de la BBC podría perdurar solo por el efecto aureola.

Los mismos supuestos protegen a muchas personas en altos cargos y puestos de confianza pública. Solo porque alguien tiene una buena cabeza para la política no significa que él o ella también sean morales en su comportamiento sexual, honestos en su trato con sus empleados o amables con sus hijos. El mundo de una persona no famosa (como los niños víctimas de abusos por Jimmy Savile, a la izquierda) tiene poco peso en el público y así es más probable que no sea creída.

Amor podrido

Nos es incómodo gustar el arte de creadores que llevaban vidas personales de dudosa reputación. Si sabemos que un artista golpeaba o traicionaba a su esposa, era cruel con sus hijos, era racista o fascista, nos puede hacer sentir incómodos acerca de

¿A TI TODAVÍA TE GUSTA SU TRABAJO?

Eric Gill, un diseñador tipográfico brillante, abusaba sexualmente de sus propios hijos, tenía una relación incestuosa con su hermana y tuvo relaciones sexuales con su perro. Roman Polanski, director de "El bebé de Rosemary" y "Tess", no puede regresar a Estados Unidos ya que aún es buscado por la violación de una menor de edad. Omitió la fianza justo antes de la sentencia en 1977 y huyó a Francia. El poeta Ezra Pound era un simpatizante antisemita nazi, con una esposa y una amante, que tenía hijos de ambas. El compositor Richard Wagner (arriba a la derecha) era famoso por sus opiniones antisemitas, y Carl Orff era un simpatizante nazi. Edward Thorndike (derecha) que identificó el efecto aureola, fue un psicólogo influyente que promovió la eugenesia.

su trabajo, incluso si están muertos, así que no van a obtener ningún dinero o gratificación de nuestro gusto por ellos. Es lo contrario del efecto aureola, con nuestra aversión a un aspecto de ellos, contaminando otros.

¿Bastante bien, o solamente bastante bueno?

Las personas físicamente atractivas tienen ventajas sobre las personas de apariencia promedio en muchos ámbitos. Ellas tienen más probabilidades de conseguir un trabajo, de que les hagan favores e incluso de recibir un trato favorable por el sistema legal si cometen un delito (salvo que utilicen su atractivo para cometer el delito, como el engañar a la gente). En 2013, investigadores italianos presentaron solicitudes de trabajo falsas utilizando fotos de personas atractivas y no atractivas, con el historial de empleo idéntico. Las personas atractivas fueron más propensas a ser llamadas para entrevistas que las personas poco atractivas. La tasa de entrevistas promedio fue de 30%. Las mujeres atractivas recibieron solicitudes de entrevista el 54 por ciento de las veces, y los hombres atractivos el 47 por ciento de las veces.

En general, las personas atractivas ganan de 10 a 15% más durante su vida que aquellos con apariencia promedio. Daniel Hamermesh de la Universidad de Texas ha calculado que, para la persona con apariencia por debajo del promedio, esto equivale a alrededor de 140 000 dólares (89 000 libras) en ingresos perdidos. Él ha propuesto que se introduzca una legislación para que se proteja a los estéticamente desafiados de ser discriminados por razón de su apariencia.

Capítulo 6

¿La indulgencia puede malcriar a un bebé?

¿Debe dejarse a un bebé llorar o darle consuelo? ¿Qué es lo mejor para el bebé?

Las tendencias en el cuidado del bebé vienen y van. A veces, los profesionales dicen a los padres que dejen llorar a los bebés para evitar darles demasiada atención, darles de comer en un estricto régimen de cuatro horas y, básicamente, hacerles saber quién es el jefe (¡y no es el bebé!). En otras ocasiones, les dijeron a los padres que fueran dirigidos por el bebé, la lactancia a demanda, ajustándose a los patrones de sueño del bebé, participando plena y frecuentemente con el bebé con muchos abrazos, hablándole, prestándole atención y jugando. ¿Es solo una moda? ¿O hay una manera correcta? ¿Y puede que la manera "correcta" sea la adecuada para el bebé y los padres, o es simplemente una cuestión de decidir a quién priorizar?

> *"Cuando llegue la tentación de acariciar a su hijo, recuerde que el amor de madre es un instrumento peligroso. Un instrumento que puede infligir una herida que nunca sanará, una herida que puede hacer la infancia infeliz; la adolescencia una pesadilla; un instrumento que puede arruinar el futuro profesional adulto de su hijo o hija y sus posibilidades de felicidad marital. Nunca, nunca bese a su niño. Nunca lo tenga en su regazo. Nunca meza su carro".*
> John B. Watson, 1928

Régimen brutal

En la primera mitad del siglo XX, los "expertos" en psicología infantil y crianza de los hijos fueron en general de la opinión de que la infancia y el amor maternal eran indulgencias innecesarias. "Necesitamos menos sentimentalismo y más azotes", dijo Granville Stanley Hall, pionero de la psicología infantil y primer presidente de la Asociación Americana de Psicología.

(A pesar de sus credenciales, él era un eugenista que pensaba que no se debía hacer ningún esfuerzo para ayudar a las personas física o mentalmente enfermas o discapacitadas, ya que se interponían en el camino de la evolución.)

"Menos sentimentalismo y más azotes" era una opinión compartida por muchos, y a los padres se les animaba a dar prioridad a la disciplina sobre el afecto incluso hasta a los más pequeños. Esta fue la época en la que los ricos enviaban a sus hijos a internados privados, cuando las duchas de agua fría y una buena paliza se consideraban elementos para la formación del carácter, y muchos padres fueron emocionalmente distantes —ya sea porque creyeron que era beneficioso o porque lo encontraron conveniente.

La teoría del apego

Fue en este contexto que el psicólogo británico John Bowlby estudió el apego en los niños pequeños.

Bowlby recogió datos de observación sobre niños institucionalizados y delincuentes, o niños que habían sido separados de sus padres o eran huérfanos por la guerra. Como no había teorías sobre las que pudiera basar sus conclusio-

Muchos niños de familias ricas de principios del siglo XX casi nunca vieron a sus padres, estando al cuidado de niñeras y formando sus lazos emocionales más fuertes con el personal doméstico.

nes sobre el apego, Bowlby echó un vistazo a los estudios en etnología, la evolución y el comportamiento animal. A su juicio, la obra de Konrad Lorenz en la impronta de las aves en la década de 1930 era altamente relevante (véase el panel). Desarrolló la teoría de que hay razones evolutivas de sonido por las que los bebés forman una unión estrecha con un individuo, generalmente la madre. Los bebés que se unen estrechamente con uno de los padres y, por lo tanto es cuidado y protegido por ese padre, tienen una mejor oportunidad de crecer y tener hijos propios. El niño tiene comportamientos —el llanto y la sonrisa, por ejemplo— que animan a los padres a interactuar. Es el instinto de los padres, formado a través de la evolución, el responder a estos estímulos del bebé.

Bowlby sospechó que al ignorar los estímulos y negarse a la interacción, como la escuela brutalista de crianza recomendaba, podía causar un daño irreparable en el menor, ya que impedía la formación de un apego primario. Los ni-

MAMÁ GANSO

El zoólogo austriaco Konrad Lorenz estudió el comportamiento "de impronta" en las crías de ganso comunes recién nacidas. Este comportamiento las lleva a formar un apego con el primer objeto adecuado que ven. En la naturaleza, la primera cosa que ven es a uno de los padres, y la cría de ganso seguirá sensatamente el ejemplo de los padres y aprenderá a ser un ganso. Lorenz marcó crías en sí mismo (o, más bien sus botas —seguirían a cualquiera que llevara las botas) y con frecuencia fue seguido por un grupo de gansos. Era lindo, pero probablemente no muy bueno para los gansos.

ños que crecían sin una apego primario más tarde podían padecer, según él, de delincuencia, depresión, inteligencia reducida y "psicopatía no afectiva" (es decir, que actúan sin tener en cuenta el impacto emocional en los demás).

Ahora o nunca

Bowlby creía que había un periodo crítico durante el cual el apego debía ser establecido y mantenido. Si el niño no formaba y mantenía un vínculo con un cuidador primario en los dos primeros años de vida,

Guiando aves huérfanas o en peligro con ligeras aeronaves, se les puede enseñar sus rutas migratorias naturales, algo que de otra forma no podrían saber sin la dirección de los padres

no sería incapaz de hacerlo más adelante. Dijo que durante estos dos primeros años, el niño debía recibir atención continua a partir de la figura de apego principal, que era generalmente la madre por lo menos en los años 1940 y 1950 cuando él estaba llevando a cabo su investigación. Su recomendación tiene consecuencias para los niños que asisten a la guardería o que están al cuidado de otras personas. De hecho, afirmó sobre el riesgo de romper el apego primario continuo hasta los cinco años, que incluye la separación y la muerte del cuidador.

Durante los primeros años, el niño aprende a ser una persona a partir de la interacción con la madre u otro apego primario, interiorizando un modelo sobre la manera de ser en el mundo. Las lecciones más importantes, que durarán toda la vida, son las siguientes:

- los demás son dignos de confianza
- el niño es una persona valiosa
- el niño puede interactuar eficazmente con los demás.

LOS "CUARENTA Y CUATRO LADRONES"

Bowlby llevó a cabo un estudio para probar su teoría del apego. Entrevistó a cuarenta y cuatro jóvenes en una clínica de orientación infantil que habían sido condenados por robo, y otros cuarenta y cuatro niños (el grupo control) que asistían a la clínica, pero que no tenían antecedentes penales. Se encontró que de los cuarenta y cuatro ladrones, más del 80% habían sido separados de su madre por más de seis meses durante su vida temprana, y más del 30% mostró signos de psicopatía no afectiva. Del grupo control, solo una pequeña proporción se había separado de sus madres y ninguno mostró la psicopatía.

Los críticos del estudio de Bowlby señalan que la separación fue notificada por los propios niños y la información podría haber sido inexacta. Además, Bowlby mismo realizó las entrevistas y determinó la presencia o ausencia de la psicopatía, por lo que su interpretación podría haber sido sesgada a favor de su teoría ("sesgo de experimentador").

Alrededor de la edad de tres años, estas lecciones —o la forma de ellas que surge del apego primario del niño en particular— se internalizan en un modelo de trabajo al que el niño va a recurrir siempre (o hasta que la terapia costosa intente remediar cualquier déficit).

A quién le importa

Después de su trabajo sobre el apego en la década de 1940, la Organización Mundial de la Salud (OMS) le pidió a Bowlby que informara sobre la salud mental de los niños sin hogar en la Europa de la posguerra. Su publicación *Cuidado materno y salud mental* (1951), cambió la forma en que los huérfanos y los niños desplazados eran considerados y atendidos.

Al mismo tiempo, la opinión pública estaba pasando por un cambio radical, provocado por el trabajo pionero del Dr. Benjamin Spock. Su obra *El libro del sentido común del cuidado de bebés y niños* (1946) derrumbó la sabiduría convencional de golpear a los niños para su sumisión y recomendó prestar atención a ellos y darles amor y afecto. Se convirtió en un éxito de ventas en todo el mundo, con más de cincuenta millones de copias vendidas.

Parece inconcebible para la mayoría de los padres ahora que cualquiera hubiera seguido un estricto régimen de dejar llorar a un bebé hambriento hasta que llegara la hora de alimentación asignada, pero aparentemente los padres de la posguerra necesitaban la autorización del Dr. Spock antes de que emplearan las prácticas de sentido común de alimentar a los bebés hambrientos y reconfortar a los bebés tristes. Aunque algunos de los consejos prácticos del cuidado del bebé de Spock han sido sustituidos (el consejo actual no es colo-

car a los bebés boca abajo, como él recomienda), el enfoque emocional y psicológico sigue siendo muy influyente.

¿En qué se equivocó Bowlby?

Hoy pocas personas dudarían que un niño se beneficia enormemente al recibir cariño y atención por parte de al menos una figura estable durante la infancia. Pero algunos detalles de las conclusiones de Bowlby han sido objeto de críticas.

Al hablar de "carencia materna", no distingue entre la carencia y privación. En la carencia se establece un apego y luego se interrumpe o elimina. En la privación no se forma ninguna unión en absoluto. Este último es mucho más perjudicial para el niño (véase el panel *Los niños de*

LA REACCIÓN A SPOCK

Cuando los bebés Spock crecieron, el mundo cambió. La permisividad sexual de la década de 1960, los hippies que consumen drogas, el movimiento de derechos civiles, la oposición a la guerra de Vietnam y al capitalismo y el rechazo a la forma de vida de las *Stepford Wives* de la década de 1950 fueron puestos en la puerta del Dr. Spock. ¿Acaso la crianza permisiva produjo los criticados excesos de la generación "yo"?

orfanatos rumanos, en la página 86).

El tipo de angustia que Bowlby observó que ocurría cuando el niño era separado de la madre también se produce cuando el niño se separa de otras figuras importantes en su vida, como el padre, un hermano u otro cuidador cercano.

> *"Estados Unidos [ha pagado] el precio de dos generaciones que siguieron el plan de bebés del Dr. Spock de necesidades de gratificación instantánea".*
> Norman Vincent Pale, autor del éxito de ventas *El poder del pensamiento positivo*

Un estudio realizado en 1964 encontró que el primer apego individual significativo comienza en torno a los ocho meses y otros le siguen rápidamente. Para los dieciocho meses de edad muchos niños tienen dos, tres, cuatro o más apegos y solamente el 13% por ciento tenía un solo apego.

En un estudio adicional de privación en 1981, Michael Rutter encontró que los niños que nunca formaron un apego primario estaban en principio inseguros, querían llamar la atención y era indistinta su elección de las personas para entablar amistad, y más tarde fueron incapaces de seguir reglas, establecer relaciones o sentir culpa. Pero argumentó que esto no era necesariamente una consecuencia directa de la falta de una figura materna, ya que también podría ser causado por el constante traslado de un lugar a otro, el tener una dieta pobre, o cualquiera de los otros factores que también distinguieron los primeros años de vida de muchos de estos niños.

La leche no lo es todo

La idea de que la necesidad primaria del niño no es la leche sino el contacto físico cariñoso iba en contra de todo lo que era común en las teorías del cuidado de los niños en la década de 1950, pero fue respaldada por investigaciones posteriores.

El psicólogo estadunidense Harry Harlow llevó a cabo un experimento diseñado específicamente para probar si una madre significa más para un bebé que apenas una fuente de alimento.

Madres de alambre y madres de tela

El experimento de Harlow no estaría permitido ahora, pero revolucionó puntos de vista sobre la infancia, el amor de los padres y la importancia psicológica del afecto. En 1958, Harlow tomó macacos de la

> ### JERGA DE PSICÓLOGOS: MONOTROPÍA
>
> Monotropía es el apego de un niño a un adulto soltero, a menudo la madre. Fue fundamental para el modelo de Bowlby, pero no es característico de todas las prácticas de crianza de los hijos. En los kibbutz israelíes y en algunos regímenes totalitarios y grupos extremistas religiosos, el apego cercano a un padre ha sido impedido por la crianza comunal de los hijos. Algunos de los niños, ya de adultos, se han pronunciado en contra de este método por ser perjudicial. Por otra parte, los niños pueden ser felices criados con más de un apego fuerte —los dos padres presentes e involucrados, sigue siendo el modelo obvio.

UN NIÑO VA AL HOSPITAL

Bowlby y su colega el trabajador social James Robertson promovieron una película que Robertson había hecho, llamada "Un niño de dos años va al hospital". Esta documentó la angustia de un niño que asistió a un hospital para una operación sin su madre, a principios de 1950. La película dio lugar a una importante reforma en la atención pediátrica en hospitales y otras instituciones del Estado.

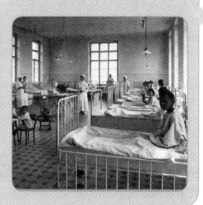

India recién nacidos de sus madres y los colocó en jaulas, de manera aislada. Podían oír y ver a otros monos jóvenes, pero no podían tocarlos o interactuar con ellos. En un principio, solo estaba criando a los monos de la manera más eficiente para su uso en el laboratorio. Pero se dio cuenta de que los criados en la mano y sin interacción con otros monos jóvenes o padres eran psicológicamente muy diferentes a los monos criados por sus padres. También notó que en ausencia de cualquier otra cosa suave, los bebés se aferraban a sus pañales de tela. Se dedicó a investigar el papel de la presencia de la madre y el afecto en el desarrollo infantil.

Harlow hizo madres mono sustitutas de alambre y madera. Cada mono bebé tenía su propia madre sustituta, y creció unido a ella, aprendió a reconocerla y preferirla de otras similares. Luego creó algunas que eran marcos de alambre y algunas que fueron cubiertas con tela. Puso uno en la jaula de cada mono. En cada caso, ya sea la madre de tela fue equipada con un biberón, o la madre de malla de alambre llevaba la botella. Todos los monos bebé prefirieron las madres de tela, ya sea que proporcionaran o no alimentos.

En las jaulas donde las madres de alambre proporcionan leche, los bebés acudieron a las madres de alambre solo para mamar, luego regresaron a las madres de tela para mayor comodidad. Si los monos bebé se colocaban en un nuevo entorno con sus madres sustitutas de tela, iban a explorar el entorno, volviendo con frecuencia a la madre de la tela para sentirse cómodos. Si estaban solos en el medio ambiente, mostraban angustia (se encrespaban y gritaban) y no se exploraban.

La conclusión de Harlow —que el alimento no es de ninguna manera el aspecto más importante del vínculo entre madre e hijo— tuvo un impacto revolucionario.

Un tenedor en la carretera

Hoy, los consejos para el cuidado del bebé se dividen en dos grandes campos. Algunos profesionales quieren imponer un horario estricto en los niños pequeños (aunque no va tan lejos como para abogar por "menos sentimentalismo y más azotes"). Al mismo tiempo, el enfoque de bebé-guía ha ido aún más lejos hasta poner al bebé en el centro de su propio cuidado, con desarrollos como el destete guiado por el bebé, en el que el niño nunca es alimentado por un padre o cuidador, sino que se le permite recoger, dejar caer, arrojar o jugar con la comida a su antojo.

El apoyo de Spock a los padres para confiar y seguir sus instintos se ha quedado en el camino a medida que más y más competencia de los "expertos" acapara la atención de los padres, haciendo que se tengan cada vez menos confianza en sus instintos.

LOS NIÑOS DE ORFANATOS RUMANOS

Bajo el régimen de Nicolae Ceausescu en Rumania, hasta 170 000 niños fueron encarcelados en orfanatos donde persistía la negligencia y el abuso. Muchos permanecieron atados a sus cunas, acostados en su propia suciedad y nunca fueron recogidos o se les dio muestra de afecto. Después de la ejecución de Ceausescu en 1989, su situación se hizo conocida fuera de Rumanía y una serie de organizaciones benéficas se acercó para ayudar a los huérfanos. Muchos de los huérfanos mostraron efectos duraderos por la privación que sufrieron. A la edad de quince años, algunos todavía parecían tener alrededor de seis o siete años de edad. Sus cerebros no pudieron producir las hormonas de crecimiento. Muchos tenían la inteligencia deteriorada. Estos no son los resultados de la desnutrición sino de la privación de estimulación

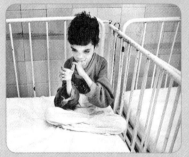

intelectual y del cuidado emocional. Muchos formaron relaciones indiscriminadas y, si se les recogía, se ponían a aullar y gritar hasta que se les dejara de nuevo. Algunos que fueron recogidos de los orfanatos a edades jóvenes y colocados en hogares adoptivos amorosos hicieron progresos significativos, pero para muchos el daño fue irreparable.

A finales de 1980, los niños en los orfanatos rumanos fueron incapaces de formar relaciones con los adultos y sufrieron malas condiciones y frecuentes malos tratos. Los niños retirados de los orfanatos a una edad muy joven a menudo se recuperaron, pero otros sufrieron un daño psicológico duradero.

Capítulo 7

¿La moralidad es natural?

¿Incluso los niños muy pequeños muestran un sentido de la moral?

Para cuando los niños comienzan la escuela, han desarrollado un sentido rudimentario de la equidad y la justicia. Ellos saben qué acciones deben clasificar como agradables o desagradables (o buenas o malas) y que en voz alta gritarán "¡No es justo!" a cada oportunidad (a menudo cuando es justo). ¿De dónde sacan este sentido?

Comience desde casa

En sus primeros años, los niños están expuestos a un montón de comportamientos en el mundo real, en la televisión y otros medios de comunicación tales como aplicaciones y películas. Son testigos de las respuestas de los adultos a su propia conducta y la de los demás, y comienzan a aprender sobre lo que se considera un comportamiento aceptable y lo que es inaceptable. Pero el trabajo de Paul Bloom, psicólogo del comportamiento en la Universidad de Yale,

Connecticut, sugiere que la observación y la interacción no son los únicos elementos que intervienen.

Tan improbable como parezca, él ha estudiado la moralidad en los bebés, tan jóvenes como unos pocos meses de edad y llegó a la conclusión de que nuestra moralidad no es toda aprendida de nuestros tratos con otros. Sus resultados ofrecen la sorprendente sugerencia de que tenemos un sentido moral innato, presente incluso en los niños más pequeños. Ese sentido moral es entonces afinado a medida que crecemos y se ajusta para adaptarse a la sociedad en la que hemos nacido.

Relativismo moral

Los diferentes tipos de comportamiento tienen diferentes estatus en diferentes comunidades. En Occidente ahora se considera incorrecto discriminar a alguien teniendo como base el color de la piel, por ejemplo, a pesar de que por siglos fue considerado un comportamiento aceptable. En los países musulmanes, el consumo de alcohol se considera incorrecto y está prohibido. Algunas sociedades prohíben por ley la homosexualidad. En las grandes democracias occidentales, el acto de quemar la bandera nacional se considera incorrecto, como lo es el ignorar los deseos de los muertos. Algunos grupos culturales consideran que es malo comer ciertos tipos de carne o ciertos alimentos en combinación. Estos tipos de comportamientos morales son específicos de la cultura y deben ser aprendidos por cada ciudadano.

> *"Todo el mundo, sin excepción, cree en sus propias costumbres nativas,*
> *y que la religión en que fue educado es la mejor".*
> Herodoto, *Historias*, 500 a. C.

Por otro lado, hay casi un acuerdo universal sobre la moralidad o inmoralidad de algunos actos. La mayoría de las sociedades consideran que es malo cometer asesinato, robar a los demás y tener relaciones sexuales con parientes consanguíneos. A medida que estas restricciones morales surgen en casi todas las sociedades, puede haber algo innato en ellas —o que solo podrían evolucionar una y otra vez, ya que hacen que las sociedades funcionen sin problemas.

Bebés morales

El trabajo de Bloom con bebés pequeños muestra, dice, que exhiben un sentido moral básico mucho antes de que tengan edad suficiente para haber aprendido lecciones morales mediante la observación de otras personas.

¿Cómo podría saberlo? En sus propias palabras, los bebés son tan útiles como las babosas en términos de experimentos de comportamiento, ya que no tienen las habilidades motoras para hacer cosas útiles, tales como palancas de tracción, ir a través de laberintos o incluso recoger un objeto que prefieran. Pero las preferencias de los bebés se pueden deducir por lo que optan por mirar y por cuánto tiempo su mirada descansa sobre algo.

Formas útiles e inútiles

Utilizando esta medida, él dejó que los bebés miren formas animadas útiles e inútiles (sí, de verdad) y luego entendió a cuál de ellas favorecían. Se les mostró una bola roja luchando por subir una colina. Entonces fue ayudado ya sea (empujado hacia arriba) por un amable cuadrado, o fue entorpecido (su paso fue bloqueado) por un triángulo inútil. Bloom cambió todas las formas para evitar la interferencia de cualquier preferencia de una forma sobre la otra.

Los bebés mostraron una fuerte preferencia por la forma útil. El efecto se reforzaba si las formas tenían caras. Curiosamente, la preferencia desaparecía si los bebés no veían primero la pelota tratando de llegar a la colina —por lo que la interacción social entre las formas era importante, no solo el movimiento físico. Los bebés de tan solo tres meses de edad preferían mirar las formas útiles.

Lo bueno, lo malo y lo indiferente

Cuando Bloom introdujo un carácter neutro, una forma que ni ayudó ni impidió el círculo de la colina escalada, los bebés de seis meses y de más edad prefirieron la forma

útil a la forma neutra, y la forma neutral a la forma que obstaculiza. Los bebés de tres meses de edad no distinguían entre la que ayudaba y la neutral, aún no les gustaba la forma que obstaculiza. Esto está en consonancia con el "sesgo de negatividad" común en adultos y niños, tenemos una mayor sensibilidad a las cosas malas que a lo bueno, y son más propensos a responder a algo negativo que a algo positivo. Nos quejaremos ante alguien que hace un acto cruel o escandaloso, pero no muchos de nosotros vamos a aplaudir a alguien que hace un acto de amabilidad. Bloom concluyó que los bebés pueden reconocer el comportamiento considerado y desconsiderado desde muy temprano en su desarrollo, probablemente antes de que pueda decirse que lo han aprendido, ya que no han sido expuestos a modelos claros. Él sugiere que esto indica la existencia de un sentido moral innato, con el cerebro preparado con un sentido simple de la moralidad desde el principio.

Juega amablemente

Karen Wyn, también en Yale, llevó a cabo otro experimento, esta vez con niños de un año de edad. Los niños vieron un espectáculo de títeres en el que dos marionetas jugaban cooperativamente, pero un tercero les quitaba la pelota con la que estaban jugando y huyó. A continuación se muestra a los niños los títeres, con una recompensa frente a cada uno, y se les pide que retiren la recompensa de uno de ellos. La mayoría de los niños retiró la recompensa de la marioneta "traviesa". Un niño no solo le quitó la recompensa, sino que golpeó a la marioneta "traviesa". Este experimento añade las ideas de recompensa y castigo para el reconocimiento de las acciones morales. A un año de edad, un niño ya está desarrollando un sentido de la justicia.

No todo es bueno

Los estudios con títeres son una muy buena manera de averiguar lo

92 | El psicólogo de 15 minutos

que prefieren los bebés, pero no siempre puede gustarnos lo que descubrimos. El trabajo de Wyn con títeres útiles e inútiles también mostró que los niños pequeños estaban contentos cuando los títeres que pensaban que eran como ellos (los títeres que "elegían" la misma comida que a los niños les gustaba) fueron ayudados, pero también estaban contentos cuando los títeres diferentes a ellos (que optaron por alimentos que a los niños no les gustaban) no fueron ayudados.

Wyn concluyó, ominosamente: "Esta reacción parece sugerir las raíces de los impulsos adultos hacia la xenofobia, los prejuicios y la guerra".

EL BEBÉ DE DARWIN

Es una vida difícil ser hijo de un biólogo profesional. Charles Darwin hizo observaciones detalladas de y notas sobre el desarrollo de su hijo, William. Registró detalles tales como cuando el chico empezó a engañar a sus padres para cubrirse cuando tomaba el alimento que no se le permitía (al ocultar las manchas en su ropa) a los dos años y ocho meses. El niño sintió claramente culpa y vergüenza —había hecho algo que no le estaba permitido— pero nunca había sufrido ningún castigo, por lo que el miedo de ser descubierto no tenía que ver con el miedo a las consecuencias externas.

Capítulo 8

¿Perdiendo tu tiempo en soñar despierto?

¿Pasas demasiado tiempo mirando por la ventana fantaseando? Podría ser bueno para ti.

Si usted escuchó a sus maestros en la escuela, se dará la idea de que soñar despierto es sin duda una pérdida de tiempo. De hecho, lo contrario puede ser cierto. De hecho, puede ser la fuente de la creatividad...

¿Bueno o malo?

En el siglos XIX y principios del XX, la opinión profesional generalmente sostenía que soñar despierto era una cosa mala. Los primeros libros de psicología advirtieron que soñar despierto en exceso podría empujar a la gente hacia la locura. Un cuestionario de reclutamiento del ejército de Estados Unidos en la Primera Guerra Mundial tenía el objetivo de erradicar a los neuróticos aspirantes a soldados, rechazando a los que estuvieran de acuerdo con la afirmación "sueño despierto con frecuencia". Los niños que sueñan despiertos hoy podrían encontrarse en una clase de "necesidades especiales". Sin embargo, las estimaciones actuales sitúan la cantidad de tiempo que pasamos soñando despiertos entre el 15 y 50% de las horas de vigilia, así que debe haber un montón de personas neuróticas que necesitan medicación si las evaluaciones anteriores fueran correctas.

"La mente es inherentemente inquieta. Está siempre buscando atender lo más interesante en su entorno. A menudo, lo más interesante está pasando en el ambiente interno".
Jonathan Schooler, Universidad de California, Santa Bárbara

Freud vio las ensoñaciones, así como el sueño nocturno, como pensamientos reprimidos, deseos y recuerdos revelados. También las vio como un tipo de realización de deseos, en las que podemos tener todo lo que queramos. Eso suena bastante bien. Existe cada vez más evidencia de que soñar despierto es constructivo y útil. En la década de 1980, el psicólogo Eric Klinger encontró que en las personas con trabajos repetitivos y aburridos, que no ocupan la mente, o trabajos que implican largos periodos de inactividad (por ejemplo, ser un salvavidas), soñar despierto es una forma de conjurar el aburrimiento y la frustración, manteniendo el cerebro activo. De los que estudió, el 75% de las personas con puestos de trabajo que no requieren mucha concentración, dijo que soñaban despiertos para aliviar el aburrimiento.

Klinger dio a los participantes un beeper y les dijo que escribieran sobre cualquier ensoñación que estuvieran teniendo cada vez que sonara. Descubrió que la frecuencia de soñar despierto varía enormemente, con la gente registrando desde seis hasta 176 ensoñaciones durante un día.

> *"Usted puede participar en la acción de prueba sin ninguna consecuencia. Usted puede imaginarse ridiculizando a sus maestros o golpeando a su jefe sin hacerlo realmente."*
> Psicólogo Jerome Singer, 1966

Él encontró que la mayor parte de nuestro soñar despiertos no es fantasía adornada. En cambio, la mayor parte se compone de ensayos mundanos y la repetición de episodios en la vida cotidiana. En contra de la sugerencia de Freud de que soñar despierto nos lleva a lugares que no nos sentimos autorizados a ir en la vida normal, solo el 5% de la muestra de Klinger informó de sueños con contenido sexual, y pocos tuvieron fantasías violentas.

¿Cosas mejores que hacer?

Soñar despierto es considerado un problema cuando impide a alguien cumplir con la tarea en cuestión —por ejemplo, cuando un escolar mira fijamente hacia afuera de la ventana pensando acerca de las estrategias para un juego de computadora en vez de escuchar al maestro. Pero existe evidencia de que aquellos que sueñan despiertos son mucho más creativos y más empáticos que los que no lo hacen. Klinger encontró que entre un grupo de estudiantes israelíes, los que soñaban eran más empáticos que los que no lo hicieron.

Ser consciente de soñar despierto es un indicador de lo útil que es para nosotros. En un estudio realiza-

COSECHE SUS ENSUEÑOS

Si usted no va a prestar atención a lo que debería estar haciendo, puede ser que también preste atención a lo que realmente está haciendo. Cosechar los ensueños en busca de ideas es un hábito que se encuentra entre mucha gente exitosa y creativa. Einstein concibió la teoría de la relatividad cuando soñaba despierto acerca de montar un haz de luz. A George de Mestral se le ocurrió la idea del velcro al momento de retirar rebabas de su ropa y el abrigo de su perro después de un paseo por la montaña. Muchas personas creativas llevan un cuaderno y anotan las ideas que les llegan de la nada, sabiendo que de otro modo se olvidarán de ellas. Usted puede utilizar su teléfono móvil si usted no tiene un cuaderno.

do por Jonathan Schooler en Santa Bárbara, California, los estudiantes que soñaban al intentar leer un cuento elaboraban respuestas más creativas, cuando se les pedía más tarde que pensaran en usos alternativos para los objetos cotidianos, como una percha y un palillo, que los que no soñaban despiertos.

Schooler señala que soñar despierto no sirve a los objetivos inmediatos, pero puede servir a objetivos a largo plazo.

Es por eso que los maestros quieren evitar que los niños sueñen despiertos, podría hacerlos más creativos y felices en el largo plazo, pero el profesor necesita conseguir que el niño se centre en el objetivo a corto plazo de aprender la lección.

Red en modo automático

Marcus E. Raichle en la Universidad de Washington ha utilizado una técnica de escaneo cerebral mejorada denominada imagen por resonancia magnética funcional (IRMf) para descubrir qué partes del cerebro están activas cuando soñamos despiertos. Encontró que las partes que tratan con la entrada sensorial (visual, auditiva, olores) y las partes involucradas en la construcción y el procesamiento de la memoria se encuentran todas implicadas. Llamó a este conjunto de funciones del cerebro la "red por defecto", y que es la actividad de los valores por defecto del cerebro cuando no está haciendo otra cosa. Raichle lo ha descrito como la "columna vertebral de la conciencia".

Se ha sugerido que el monitoreo de la actividad de la red por defecto podría ser útil en medicina, por ejemplo, al diagnosticar la enfermedad de Alzheimer y al evaluar la efectividad de los tratamientos, o al probar el nivel de conciencia en pacientes en coma. La muerte cerebral no tiene actividad en la red por defecto, pero aquellos en estado de coma profundo o estado ve-

¿QUÉ PIENSAS CUANDO PIENSAS EN NADA?

La mayoría de nosotros, sin nada más en qué pensar, soñamos despiertos. Pero las personas con síndrome de Asperger o autismo tienden a soñar despiertos mucho menos que otros. Russell Hurlburt de la Universidad de Nevada estudió la actividad del "cerebro ocioso" en tres hombres con el síndrome de Asperger y encontró que, o bien no podían comprender el concepto de "vida interior" o solo declararon las imágenes y los objetos —ellos no construyeron narrativas internas.

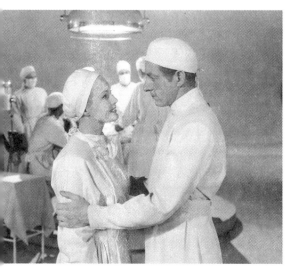

En el cuento de James Thurber "La vida secreta de Walter Mitty" (1939) el protagonista es un hombre apacible e ineficaz que tiene ensoñaciones fantasiosas extravagantes, como piloto o cirujano, por ejemplo. Pero los ensueños de la mayoría de las personas no son fantasías en las que actúan heroicamente. En vez de eso, la mayoría de nosotros reproducimos los argumentos, dando con réplicas inteligentes a los desaires, o planear la cena, o imaginar lo que sucederá cuando llevamos el coche al taller.

getativo permanente muestran todavía un 65% de la actividad normal. Los que están en un estado de conciencia mínima muestran todavía el 90% de la actividad normal. Es posible que la medición de la actividad en la red por defecto pudiera ser una manera de anticipar qué pacientes inconscientes tienen la mejor posibilidad de recuperación.

Tres variedades

El psicólogo Jerome Singer ha pasado seis décadas investigando el soñar despierto. Singer tenía una vida interior vibrante como un niño y tomó un interés profesional en el soñar despierto, con ganas de descubrir cómo diferentes personas sueñan despiertas y para qué sirve soñar despierto.

Singer identificó tres tipos distintos de soñar despierto:

- **el constructivo positivo** se dedica a la imaginería lúdica, vívida y de buenos deseos. Este es el tipo que es bueno para alimentar la creatividad.
- **el culpable-disfórico** implica ansiedad o temor, y puede ser angustiante. Produce imágenes de heroísmo, fracaso, agresividad y ambición. Este tipo incluye el revivir obsesivo de traumas pasados asociados con el trastorno de estrés postraumático (TEPT).
- **el control atencional pobre** es el tipo distraído de soñar despierto, a menudo caracterizado por la ansiedad, que nos asola cuando tratamos —y fallamos— de concentrarnos. Es el demonio del mediodía de todos (véase la página 125).

Soñar despierto es bueno para ti

Centrándose en el "soñar despierto constructivo positivo", Singer y más tarde Schooler encontraron que soñar despierto puede servir para varias funciones generales:

- Ayuda a la planificación, lo que nos permite prever y planificar futuras acciones. Soñar despierto nos permite ensayar eventos futuros mediante la visualización y la planificación de resultados alternativos.
- Ayuda a la resolución de problemas y permite que la creatividad florezca.

- Ayuda con "el ciclismo atencional", permitiéndonos cambiar entre focos de atención o corrientes de información y así formar un enfoque más significativo e integrado hacia las metas personales o externas.
- Proporciona "deshabituación" —mediante la ruptura de una tarea o concentración logramos una práctica más distribuida, y se ha comprobado que conduce hacia un aprendizaje más sólido. (Es por eso que cuatro espacios de media hora para la revisión antes de un examen son más eficaces que un periodo ininterrumpido de dos horas.)

Soñar despierto parece tener considerables beneficios personales y emocionales, que nos ayudan a desarrollar la compasión, el razonamiento moral, la comprensión de las perspectivas y las emociones de los demás, así como la recolección de significado a partir de hechos y experiencias.

Desfogarse

El soñar despierto también puede proporcionar una válvula de seguridad. Si nos imaginamos a nosotros mismos respondiendo agresivamente en una situación dada, puede aliviar nuestra tensión y frustración, dejándonos conformes para proporcionar una respuesta más mesurada. Solo de vez en cuando, para algunos individuos, la agresión imaginada se traduce en violencia real. Fantasear sobre resultados o respuestas también puede proporcionar alguna satisfacción o alivio de los malos sentimientos, si las cosas han ido mal para nosotros. Imaginar que le grita a su jefe o golpea a su vecino puede hacer que se sienta mejor sin tener que hacerlo.

EINSTEIN Y EL "JUEGO COMBINATORIO"

Einstein tuvo muchas de sus ideas durante sus descansos tocando el violín, y creía que las mejores ideas se produjeron a través del "juego combinatorio", la puesta en conjunto de diferentes ideas. Mucha gente ha definido la creatividad o inspiración como la unión de las ideas o conocimientos de diferentes reinos en formas nuevas o inesperadas. Las personas más creativas son a menudo aquellas que pueden establecer vínculos o ver conexiones entre conceptos muy dispares. No solo los enlaces surgen durante el soñar despierto, también la materia prima es a menudo cosechada durante la actividad "inactiva", como cuando navegamos sin rumbo por la red u ojeamos revistas.

¿Bueno para quién?

El soñar despierto constructivo y positivo, a fin de cuentas, es bueno para el desarrollo personal y la satisfacción, pero a veces puede ser costoso en términos de metas externas. Eso significa que es bueno para su ser interior, pero no es necesariamente bueno para su yo público, el "tú" al que los maestros y empleadores están relacionados.

En última instancia, eso significa que usted puede que necesite moderar su nivel de soñar despierto, ya que usted todavía tiene que obtener una educación o mantener un trabajo.

> *"Lo que es más verdaderamente humano sobre el hombre, lo que es tal vez su mayor don, derivado de la evolución y quizá su mayor recurso en su dominio del medio ambiente y de sí mismo, es su capacidad para la fantasía".*
> Psicólogo Jerome Singer

Pesadillas diurnas

El mal tipo de soñar despierto es, en extremos, asociado con la angustia mental y la enfermedad psicológica. La pesadilla diurna de la depresión es la rumia, el escoger constantemente recuerdos o pensamientos angustiantes. En vez de que la mente divague sobre planes placenteros para una cita candente o invenciones útiles, vuelve una y otra vez a reproducir los errores u ofensas pasadas. Es como recoger una costra, no mejora la herida pero prolonga la agonía. Una característica común de trastorno de estrés postraumático (TEPT) es reproducir el incidente traumático, ya sea conscientemente o en escena retrospectiva. Una vez más, no es un tipo saludable de soñar despierto. En las personas deprimidas, una parte en particular de la red por defecto se vuelve muy activa. La corteza cingulada anterior subgenual, más amablemente conocida como el "nodo tristeza", va a toda marcha cuando las personas que sufren de depresión rumian o reviven recuerdos dolorosos.

Capítulo 9

¿Lo harías de nuevo?

¿Qué nos hace hacer cosas? El condicionamiento puede forjar vínculos entre los estímulos y las acciones.

¿Le da hambre si se fija en las fotos de una revista de alimentos? ¿Se siente incómodo si ve un video acerca de una cirugía? Su cerebro hace conexiones entre el conocimiento que tiene y funciones y sensaciones corporales específicas. Responder a algunos estímulos es instinto —salivar cuando vemos la comida, por ejemplo. Otras res-

LOS PERROS DE PAVLOV

El fisiólogo ruso Iván Pavlov (1849-1936) estudió el funcionamiento del sistema digestivo. Mientras conducía experimentos con perros descubrió el reflejo condicionado —la respuesta física aprendida a un estímulo. Los perros generalmente salivarán cada vez que vean la comida— es un instinto que prepara al perro para comer. La comida es un reflejo primario que produce una respuesta: La salivación. Pavlov hizo varias veces un ruido con un timbre, silbato, campana, diapasón, u otro instrumento antes de alimentar a sus perros experimentales. Como de costumbre, los perros segregaron saliva cuando llegó su comida. Después de un tiempo, los perros comenzaron a asociar el ruido con la llegada inminente de alimentos y comenzaron a salivar en cuanto lo oían —antes de que incluso hubieran visto la comida. Aunque la salivación es una respuesta automática que no puede ser controlada directamente, los cerebros de los perros habían establecido una conexión entre el sonido y la llegada de los alimentos, por lo que este estímulo secundario producía la misma respuesta.

puestas son condicionadas, si hemos tenido malas experiencias en el dentista, nuestros niveles de ansiedad podrían subir tan pronto como caminemos a través de la puerta del dentista.

Las respuestas condicionadas pueden hacernos temer cosas que no son, en sí mismas, temibles. El condicionamiento también nos puede llevar a hacer o no hacer debido a la respuesta que aportan. Este tipo de condicionamiento se utiliza en la crianza del niño y en el entrenamiento de perros.

Un trabajo espantando a niños pequeños

Cualquier cosa que usted piense sobre la experimentación en animales como lo hizo Pavlov, pocas personas ahora condonarían los experimentos del famoso "Pequeño Albert".

JERGA DE PSICÓLOGOS: CONDICIONADO CLÁSICO Y OPERANTE

El condicionamiento clásico es el mismo que el condicionamiento pavloviano; el cuerpo es enseñado por la exposición repetida a dar una respuesta a un estímulo no relacionado —como babear al escuchar el sonido de una campana, porque la campana es conocida para señalar los alimentos.

El condicionamiento operante es el fortalecimiento o debilitamiento de una acción espontánea por medio de recompensas o castigos. Por ejemplo, si una rata encuentra que presionando una palanca se le ofrece un vaso de agua con azúcar, llevará a cabo la acción repetidamente.

Las consecuencias refuerzan el comportamiento.

Si al presionar la palanca recibe una descarga eléctrica, la rata dejará de pulsar la palanca.

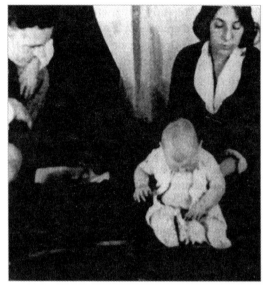

En 1919, John Watson y Rosalie Rayner reclutaron a un bebé de nueve meses de edad, de la guardería del campus para usarlo en sus experimentos de comportamiento. Era conocido como el "Pequeño Alberto", aunque en 2009 se reveló que su verdadero nombre era Douglas Merritte. Watson y Rayner comenzaron el experimento mostrando al "Pequeño Alberto" una serie de objetos y animales inofensivos, incluyendo una rata blanca de laboratorio. No tenía miedo de cualquiera de ellos. Entonces Watson y Rayner procedieron a asustar a "Alberto". Cuando tocaba la rata, hicieron un fuerte ruido detrás de él al golpear una pieza de metal con un martillo. El niño lloró. Hicieron esto varias veces hasta que Alberto lloró cuando vio la rata. Tan pronto como aparecía, Alberto se alejaba de ella y trataba de escapar del banco experimental.

La asociación se extendió a otros objetos peludos, de modo que Albert también tenía miedo de un conejo, un perro, un abrigo peludo

LA LEY DEL EFECTO

Poco después de la publicación de los experimentos de Pavlov sobre el condicionamiento clásico en perros en Rusia, Edward Thorndike comenzó a trabajar en el condicionamiento operante con gatos en Estados Unidos. Thorndike construyó una "caja rompecabezas" de la que un gato solo podía escapar al pulsar una palanca o tirando de un nudo. Puso un gato hambriento en la caja. Tenía que liberarse antes de que pudiera conseguir comida. Thorndike observó que le tomó bastante tiempo al gato para encontrar el mecanismo de escape la primera vez, pero con sucesivos viajes a la caja, le tomó al gato cada vez menos tiempo para escapar.

Thorndike define la ley del efecto: Un placentero efecto posterior fortalece (alienta) la acción que lo produjo. Los psicólogos modernos llamarían a esto "refuerzo positivo" —el buen efecto de escapar de la caja refuerza la acción del gato en el uso de la palanca o nudo.

y del mismo Watson, cuando apareció usando una máscara de Santa Claus con barba rizada (que suena como si hubiera sido aterrador incluso sin el condicionamiento). El estudio demostró que el tipo de condicionamiento clásico que Pavlov había logrado con los perros también era aplicable a los seres humanos.

No es tan bueno

Había mucho que estaba mal con el experimento de Watson y Rayner, no menos importante que era inmoral y cruel. Albert no fue desensibilizdo después, por lo que presumiblemente permaneció su miedo a las ratas, conejos y todos los demás animales peludos. Se mudó junto con sus padres y no hubo oportunidad para los estudios de seguimiento o tratamiento. De hecho, él murió a la edad de seis años de hidrocefalia, que había tenido desde su nacimiento. Contrario a las afirmaciones de Watson de que era un bebé normal y saludable, Albert no se desarrolló normalmente (y Watson probablemente lo sabía). Eso lo hacía inadecuado como un sujeto que representa el desarrollo normal. Además, Watson y Rayner no tenían un sistema para medir las respuestas de Albert aparte de sus propios juicios subjetivos.

Mejores condiciones

En 1924, Mary Cover Jones utilizó el condicionamiento de manera más ética para ayudar a un niño con una fobia a las cosas peludas blancas, justo de lo que Albert podría haberse beneficiado unos años más tarde. El niño, Peter, a lo que más le temía era a un conejo blanco. Con el tiempo el investigador unió más a Peter y al conejo hasta que finalmente el niño fue capaz de acariciar y jugar con el conejo sin tenerle miedo. Otros niños, que no le temían al conejo, estuvieron presentes en la habitación, mostrándole las respuestas normales hacia el conejo.

ETAPAS DE PERDER EL MIEDO A LOS CONEJOS

Mary Cover Jones reportó las siguientes etapas de la interacción entre Peter y el conejo:

A. Conejo en cualquier lugar de la habitación en una jaula causa reacciones de miedo.

B. Conejo es tolerado a 12 pies de distancia en la jaula.

C. Conejo es tolerado a 4 pies de distancia en la jaula.

D. Conejo es tolerado a 3 pies de distancia en la jaula.

E. Conejo cerca de su jaula es tolerado.

F. Conejo suelto en la habitación es tolerado.

G. El conejo es tocado cuando el experimentador lo sostiene.

H. Conejo es tocado cuando anda libre en la habitación.

I. Conejo es desafiado al escupirle, tirándole cosas, imitándolo.

J. Al conejo se le permite estar en la bandeja de una silla alta.

K. Se pone en cuclillas en estado de indefensión al lado del conejo.

L. Ayuda al experimentador para llevar al conejo a su jaula.

M. Sostiene al conejo sobre su regazo.

N. Se queda solo en la habitación con el conejo.

O. Permite al conejo en el corral con él.

P. Acaricia cariñosamente al conejo

Q. Deja que el conejo le mordisquee los dedos.

Hacer las cosas mejor

El experimento de Peter fue una incursión temprana en la terapia conductual, cuyo objetivo es volver a entrenar el pensamiento y el comportamiento de una persona. Existen varios tipos de condicionamiento que se utilizan en la terapia, la enseñanza y otros tipos de modificación de la conducta. Pueden involucrar castigo o recompensas. Un castigo es un refuerzo negativo, cada vez que el sujeto hace algo, sucede algo malo. Su objetivo es reducir un comportamiento no deseado. Una recompensa es un refuerzo positivo que tiene como objetivo incrementar un comportamiento deseado —dar a los niños una pegatina por recoger los juguetes que han tirado, por ejemplo.

La mayoría de los estudios sugieren que el refuerzo positivo es más eficaz que el refuerzo negativo (véase el Capítulo 16, ¿Zanahoria o palo?).

Lo hacemos todo el tiempo

Utilizamos elementos de acondicionamiento y refuerzo positivo y negativo, todo el tiempo, sin pensar. Cuando los manuales de cuidado de niños sugieren dar a un niño una rutina antes de acostarse, es que están explotando una forma de condicionamiento.

El niño que todos los días tiene un baño caliente, una

> **5:1**
>
> Los estudios han encontrado que al tratar de ajustar el comportamiento de los niños en una relación de 5:1, alabanza: crítica, es más eficaz. Según otros estudios, la misma proporción de alabanza y crítica funciona para mantener matrimonios estables.

Las fobias aún se tratan de la forma en que Mary Cover Jones abordó la aversión de Peter a las cosas blancas y peludas. Al aumentar poco a poco la exposición en un ambiente controlado y seguro, erosiona los temores irracionales de una persona.

historia y luego se va a dormir, después de un tiempo, empezará a sentirse somnoliento porque el baño caliente y la historia siempre conducen a dormir.

Un perro que se toma para un paseo cuando un niño llega de la escuela se va a entusiasmar al oír la puerta abierta por la tarde. Una niña que es elogiada por la limpieza de sus dientes, después de un tiempo, los lavará incluso cuando el padre que la alaba se encuentre fuera por unos días.

Capítulo 10

¿Por qué no te levantas?

¿Por qué los adolescentes se quedan en la cama la mitad del día? ¿Son solamente flojos?

Cualquier persona que tenga un adolescente, o que recuerde ser un adolescente, sabe que a los adolescentes les gusta quedarse en la cama hasta bien pasado el tiempo normal de levantarse. También les gusta quedarse despiertos hasta mucho más allá de cualquier horario normal para ir a la cama. Abandonados a su suerte, a menudo se quedan despiertos hasta las 4 a. m. y duermen hasta la tarde. ¿Es solo perversidad y rebelión? ¿O hay una buena razón para tal cronometraje antisocial?

"Hay una predisposición biológica para irse a la cama tarde y levantarse tarde. Es evidente que se pueden imponer sobre esto hábitos aún peores, pero no son perezosos".
Russell Foster, profesor de Neurociencia Circadiana, Universidad de Oxford

Tu reloj personal

Todo el mundo tiene un reloj interno o "reloj biológico" que regula los ciclos naturales del cuerpo. Este patrón de actividades diarias en su cuerpo se llama "ritmo circadiano". Los ritmos circadianos determinan cosas como

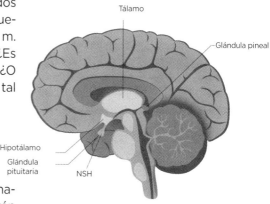

Tálamo

Glándula pineal

Hipotálamo

Glándula pituitaria

NSH

El reloj del cuerpo se encuentra en el núcleo supraquiasmático del hipotálamo (NSQ), un pequeño grupo de células en la base del cerebro.

¿CÓMO ERES COMO UN HONGO?

No son solo los seres humanos los que tienen ritmos circadianos. Muchos —quizá todos— organismos de la Tierra tienen un "reloj biológico" que está en sintonía con un día de 24 horas más o menos. Los animales nocturnos duermen todo el día y cazan de noche, pero aún funcionan con un ciclo de 24 horas. Incluso los hongos tienen ritmos circadianos y producen esporas en un momento determinado del día. Los científicos que investigan los ritmos circadianos a menudo trabajan con un hongo llamado Neurospora crassa. Ellos han encontrado genes que controlan la relación de la actividad en el hongo para momentos del día. La mutación en estos genes puede confundir el reloj biológico del hongo. Es de suponer que está sin hacer nada todo el día cuando se interrumpen sus ritmos circadianos. Oh, espera...

cuándo se está más activo, cuándo se siente cansado y así sucesivamente.

La mayoría de nosotros no somos capaces de trabajar totalmente en sintonía con nuestros ritmos circadianos, ya que estamos obligados por convención y la necesidad financiera para ir a trabajar en las horas de la elección de nuestros empleadores, levantar a nuestros hijos e ir a la escuela, alimentar a los bebés hambrientos o estar despiertos para las entregas y las citas. Añada un periodo de siete horas en Fantasía Fatal 9 durante la noche y el día no se ve muy bien.

Noctámbulos y madrugadores

Estamos acostumbrados a la idea de que algunas personas funcionan mejor —están más alertas y dispuestos a trabajar— por las tardes y para otros, el mejor momento es por la mañana. Esta distinción entre "la gente de la noche" y

"gente de la mañana" se reconoce comúnmente con las etiquetas "noctámbulos" y "madrugadores". Si le gusta acostarse tarde y levantarse tarde, usted es un ave nocturna. Si te gusta ir a la cama temprano y levantarse temprano, eres un madrugador. No hay nada malo con cualquiera, pero si es un madrugador usted lucha con la fiesta hasta las 4 a. m. y si usted es un noctámbulo, no le gustará un

¿QUÉ TAN LARGO ES UN DÍA?

Un día no tiene exactamente 24 horas de duración. Hay diferentes formas de medir y definir un día, pero se lleva a cabo normalmente en poco más de 23 horas y 56 minutos. La Tierra se está desacelerando gradualmente en su órbita, por lo que un día es cada vez más largo por alrededor de 1,7 milisegundos por siglo. No suena mucho, pero se suma. Hace unos 620 millones años, cuando los organismos más interesantes que el limo acababan de llegar, el día era solo de 21,9 horas de duración. Los dinosaurios, sin embargo, habrían tenido ritmos circadianos cercanos al nuestro, con una jornada de unas 23 horas y 40 minutos.

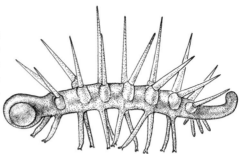

Hallucigenia (ca. 640 millones de años) habría trabajado para un día de unas 21 horas de duración. También tuvo que esperar más días entre cumpleaños.

trabajo que implica un viaje a partir de las 6 a. m.

Los noctámbulos y madrugadores están en los extremos opuestos del espectro normal de los ritmos circadianos. Los noctámbulos pueden necesitar una alarma fuerte para conseguir levantarse por la mañana, pero se levantarán. No son generalmente disfuncionales.

Descompensación horaria

Si usted es un noctámbulo o un madrugador, si usted ha tomado un largo vuelo que cruza varios husos horarios, es probable que haya experimentado el *jet lag*. Se produce cuando los ritmos circadianos se han visto gravemente afectados —por ejemplo, al estar esperando dormir cuando el cuerpo piensa que es la mitad

¿SE PUEDE EVITAR EL JET LAG?

La melatonina química es una hormona producida en la glándula pineal, profunda en el cerebro. Desempeña un papel importante en la regulación de los ritmos circadianos. La melatonina se produce cuando se hace de noche y ayuda a regular la temperatura del cuerpo durante el sueño. Los ensayos han encontrado que tomar melatonina por vía oral antes de acostarse, después de un vuelo, reduce el *jet lag* en nueve de cada diez personas. El *jet lag* es peor y la melatonina más eficaz, al volar al este y cruzar cuatro o más zonas horarias.

Combinar somníferos para conciliar el sueño y el café para mantenerse despierto no es un tratamiento eficaz para el *jet lag*. Dormir en el avión no reduce el *jet lag* a menos que sea en un momento en que normalmente duerme. Ninguno de estos enfoques reajusta el reloj interno del cuerpo. La deshidratación hace que el *jet lag* sea peor, por lo que beber alcohol para olvidar no funcionará.

Si solo va a viajar por un par de días, no vale la pena tratar de restablecer su reloj biológico en el viaje. De lo contrario, permanezca en la oscuridad durante al menos tres horas después de llegar, si usted está volando hacia el este. Si usted está volando al oeste, entre a la luz del día cuando llegue.

del día, o asistir a las reuniones cuando el cuerpo piensa que es después de la medianoche.

Durante unos días, la exposición a su actual patrón de día y de noche da un codazo a su reloj biológico en sincronía con la zona horaria local y usted se siente mejor.

El reloj del cuerpo adolescente

Mary Carskadon, profesora de Comportamiento Humano en la Universidad de Brown, Estados Unidos, ha llevado a cabo una amplia investigación sobre los ritmos circadianos de los niños y adolescentes. Sus hallazgos confirman lo que cualquier adolescente le dirá —que realmente no puede levantarse a las 7 a. m. y funcionar normalmente.

En la pubertad, el cerebro experimenta muchos cambios, incluyendo cambios en el reloj biológico del cuerpo. Esto los prepara para la vida de los adolescentes, lo que les permite quedarse hasta tarde en las fiestas y conciertos y dormir a través de cualquier número de relojes de alarma y los padres gritando hasta el mediodía o más tarde. Por desgracia, como Carskadon señala, no los equipa para la escuela o la universidad a partir de las 8 u 8.30 a. m.

Carskadon ha demostrado que, incluso si los adolescen-

Usar la tecnología que emite luz, especialmente para los juegos que elevan los niveles de excitación, llenando el cuerpo con adrenalina, hace que el sueño sea difícil de alcanzar. Los adolescentes hacen esta desconexión de las horas de trabajo normales aún peor, por el uso de las computadoras y los teléfonos inteligentes hasta altas horas de la noche.

tes se van a la cama temprano, en realidad no llegan a dormir en ese momento. Levantarse temprano para la escuela significa que son privados de sueño durante la semana y están desesperados por ponerse al día con el sueño el fin de semana y, por lo tanto, quedarse en la cama hasta la tarde. Los adolescentes necesitan dormir 9¼ horas, y por lo general no pueden conciliar el sueño antes de las 11 p. m., simplemente no es posible tener el sueño que necesitan y llegar a la escuela a tiempo. Sus estudios muestran que la falta de coincidencia entre el día escolar y las necesidades biológicas de los adolescentes tiene muchos efectos, incluidos los malos resultados en los estudios y el bajo rendimiento. Carskadon cree que el día escolar debe ser cambiado para adaptarse a los diferentes ritmos biológicos de los adolescentes, pero por los trastornos que ocasionaría a todos los demás, significa que es poco probable que suceda.

¿La enfermedad del sueño?

Demasiado poco sueño también puede conducir a trastornos psiquiátricos, incluida la depresión. La psicóloga Jane Ansell encontró que alrededor del 50% de los adolescentes en Escocia son privados de sueño. Algunos han sido mal diagnosticados con trastorno de hiperactividad con déficit de atención (THDA) y otros problemas psicológicos —cuando lo único que necesitan es dormir más.

El jet lag social

Algunos adolescentes tienen un acuerdo, incluso más áspero y sufren de una forma más severa de esta disyunción entre la vida normal y reloj del cuerpo, llamada síndrome de la fase del sueño retrasada

ESQUEMA DEL RELOJ BIOLÓGICO

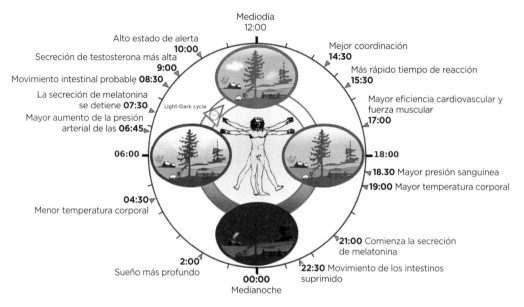

Mediodía
12:00

Alto estado de alerta **10:00**

Secreción de testosterona más alta **9:00**

Movimiento intestinal probable **08:30**

La secreción de melatonina se detiene **07:30**

Mayor aumento de la presión arterial de las **06:45**

06:00

04:30
Menor temperatura corporal

2:00
Sueño más profundo

00:00
Medianoche

Mejor coordinación **14:30**

Más rápido tiempo de reacción **15:30**

Mayor eficiencia cardiovascular y fuerza muscular **17:00**

18:00

18.30 Mayor presión sanguínea

19:00 Mayor temperatura corporal

21:00 Comienza la secreción de melatonina

22:30 Movimiento de los intestinos suprimido

Light-Dark cycle

(SFSR). Si esta condición se inicia en la adolescencia, por lo general desaparece al final de la adolescencia, pero si comienza en la primera infancia, por lo general es un trastorno de por vida. Esto afecta al 0.15% de los adultos.

Para los que lo sufren, es como el *jet lag* permanente y por lo que se ha llamado "el *jet lag* social". A veces se puede corregir con medicamentos o terapia de cuidado, extendida con lámparas de luz diurna y los cambios estructurados a los tiempos de sueño. A muchas personas con SFSR, se les califica como perezosas, antisociales o que les falta fuerza de voluntad —y no solo en la adolescencia. Algunos le hacen frente mediante la adopción de trabajos con horarios nocturnos.

ALT-SHIFT-DELETE

En los trabajadores por turnos, el reloj del cuerpo es manipulado sin cesar, y esto puede causar un daño grave. Un estudio publicado en el 2014 encontró que trabajar un turno de noche interrumpe la actividad de los genes que normalmente muestran diferentes niveles de actividad durante el día. Esto se aplica a casi el 6% de nuestros genes. No son perturbados de manera uniforme, por lo que diferentes partes del cuerpo terminan trabajando con diferentes relojes. Uno de los investigadores lo equiparó a  tener relojes en cada habitación en una casa, que están ajustados a diferentes horas. Los efectos a largo plazo pueden incluir daños físicos, así como psicológicos, tales como la obesidad, la diabetes y las enfermedades del corazón.

Capítulo 11

¿Se puede estar muerto de aburrimiento?

Estar aburrido es más interesante y
variado de lo que imaginas.

Si usted tiene niños, usted estará familiarizado con el grito de dolor "estoy aburrido" en las fiestas. ¿El aburrimiento sirve a un propósito? ¿Por qué nos aburrimos?

> *"El aburrimiento no es un producto final; es, comparativamente, más bien una etapa temprana en la vida y el arte. Tienes que pasar por o más allá o atravesar por el aburrimiento, como a través de un filtro, antes de que emerja el producto claro".*
> F. Scott Fitzgerald

Esta cueva aburrida...

¿En la prehistoria los hombres de las cavernas (y mujeres de las cavernas) se aburrían? ¿Por eso pintaban en las paredes? Si es así, fueron las mujeres las que estaban más aburridas, como lo demuestra la investigación comparativa de los tamaños de los dedos y de la palma, que la mayoría de las pinturas rupestres fueron creadas por mujeres. Y cuando habían tenido suficiente de pintar cosas reconocibles, al parecer habían jugado un juego que implicaba saltar tan alto como podían, como se muestra por los grupos de círculos hechos con las yemas de los dedos sobre los techos de algunas cuevas.

Si no hay nada que hacer en la cueva, también podría pintar algunos animales y luego pintar alrededor de sus manos...

El demonio del mediodía

El aburrimiento con hacer algo aburrido no es lo mismo que el aburrimiento con no hacer nada.

Muchas personas tienen trabajos realmente aburridos, toman objetos de las estanterías y los ponen en carritos para cumplir con los pedidos en un almacén o supermercado. Limpian los pisos de los edificios vacíos. Hacen tareas que no son satisfactorias, que no implican un compromiso con otras personas y que necesitan realizarse una y otra vez. Es fácil ver cómo estas tareas podrían ser aburridas.

Otras personas tienen empleos que no deberían ser aburridos, pero todavía no pueden instalarse en ellos. Miramos en la pantalla de la computadora, o por la ventana, jugamos con nuestros teléfonos, entramos a un sitio de red social, incluso si nuestro trabajo es algo que nos interesa en principio. No es un problema nuevo. El vagabundeo de la mente era conocido por los monjes medievales como "acedia" ('ἀκηδία') y llamado demonio del mediodía (un nombre ya consignado para la depresión). Era familiar para los Padres del Desierto, aquellos ascetas cristianos antiguos que pasaron su tiempo en la contemplación, filosofando y estudiando. Esto no es un aburrimiento de la misma clase. Es ser susceptible a las distracciones a pesar de que tengamos algo que hacer que debería ser desafiante y atractivo.

> *"La mente está constantemente girando de salmo en salmo... lanzada acá y allá, voluble y sin rumbo a través de todo el cuerpo de la Escritura".*
> San Juan Casiano, ca. 360-435

Estos primeros escritores reconocieron el problema de tratar de mantener la concentración en la actividad intelectual en la soledad. San Casiano escribe acerca de Pablo, viviendo en el desierto, pero siempre con todo lo que necesitaba, pasando los días elaborando cosas de las palmeras datileras y luego, al final del año, quemando todas ellas porque:

"... sin trabajar con sus manos un monje no puede soportar el permanecer en su lugar, ni puede subir más cerca de la cumbre de la santidad: y aunque la necesidad de ganarse la vida de ninguna manera lo exige, que te sea hecho por la sola purga del corazón, la inmutabilidad del pensamiento, la per-

"*El demonio de la acedia —también llamado el demonio del mediodía— es el que causa el problema más grave de todos. Aprieta su ataque contra el monje sobre la cuarta hora y asedia el alma hasta la octava hora. Primero que todo, hace que parezca que el sol apenas se mueve, en todo caso, y que el día tiene cincuenta horas de duración. Luego, se constriñe al monje a mirar constantemente por las ventanas, a caminar fuera de la celda, para mirar con cuidado al sol y determinar qué tan lejos se encuentra de la hora novena, para mirar ahora de esta manera y ahora que ves si tal vez (uno de los hermanos aparece desde su celda). ... Este demonio lo lleva a lo largo de desear otros sitios donde puede procurarse más fácilmente las necesidades de la vida, encontrar más fácilmente el trabajo y hacer un éxito de sí mismo...*"*
Evagrio el Solitario, 345-399 d. C.

severancia en la celda, y la conquista y última derrota de la acedia en sí".

Esto recuerda el adagio "el diablo hace el trabajo para las manos ociosas". El monje que no tiene nada que deba de hacer, sin embargo, tiene que hacer algo pues no hacer nada es peligroso. La sugerencia, también, es que es un trabajo intelectual que nos hace especialmente propensos a este tipo de vagabundeo de la mente o el aburrimiento. El monje debe trabajar con sus manos. Si lo hace, va a ser capaz de tolerar el trabajo de pensar.

Las manos y los cerebros

La neurociencia moderna sugiere otra posibilidad, más práctica que los demonios con instrucciones de distraer al santo. Un estudio en ratas revela que la falta de actividad física en realidad cambia la forma de las células cerebrales.

> *"Mi alma está impaciente consigo misma, como con un niño molesto, su inquietud sigue creciendo y es siempre la misma. Todo me interesa, pero nada me detiene. Asisto a todo, soñando todo el tiempo".*
> Fernando Pessoa, 1888-1935, poeta y escritor

Investigadores de la Escuela de medicina de la Universidad Estatal de Wayne, en Detroit, Michigan, dividieron doce ratas en dos grupos. Un grupo fue puesto en jaulas con una rueda para correr y pronto estaban corriendo cinco kilómetros al día. El otro grupo fue puesto en jaulas sin ruedas y así tenían un estilo de vida sedentario. Después de tres meses, a las ratas inactivas les habían crecido ramas adicionales en las neuronas en una parte de su cerebro. Esto las hizo extra-sensibles a los estímulos y propensas a enviar señales nerviosas adicionales alrededor del cerebro. Los investigadores estaban interesados en las implicaciones para las enfermedades del corazón, pero parece que un "cerebro nervioso" por la inactividad podría ser algo más que una sencilla propensión a la distracción, sino un genuino fenómeno neurológico.

Harto de no hacer nada

Estar aburrido porque no tienes nada que hacer es bastante diferente al fracaso de participar plenamente o prestar atención a la tarea en cuestión. El aburrimiento de no hacer nada viene en dos categorías, dando un total de tres tipos de aburrimiento: Aburrido por una tarea aburrida, acedia, y aburrido de no hacer nada.

"Ella solo dijo: 'Mi vida es aburrida'..." boceto de W. E. F. Britten de la heroína aburrida de Tennyson, Mariana.

Es posible estar aburrido porque no hay demasiada variedad de actividades.

Por ejemplo, el niño aburrido en las vacaciones podría tener muchas opciones —andar en bicicleta, jugar con numerosos juguetes o amigos, leer, hacer tareas (Dios no lo quiera)— pero ninguna de ellas se le antoja.

Esto, como el estar aburrido mientras se hace una tarea, es una falla de la atención. Ninguna de las posibles actividades mantiene la atención del niño. Sin embargo, al preso aburrido se le impide hacer nada en absoluto.

DEMASIADA ELECCIÓN

El exceso de elección puede ser tan malo como demasiada poca. Por ejemplo, si un restaurante tiene solo tres o cuatro menús, es fácil elegir uno de ellos. Pero si un restaurante tiene páginas y páginas de diferentes opciones, le resultará mucho más difícil tomar una decisión.

Muchos padres han descubierto que la mejor manera de conseguir que un niño coma es ofrecerle solo dos opciones. Incluso si realmente no quieren ninguna de ellas, sabrán que la que tienen es mejor que la alternativa, mientras que una elección muy amplia les deja pensar qué otra cosa podría haber sido mejor.

Aburrido hasta la muerte

La frase "aburrido hasta la muerte" fue primero utilizada por Charles Dickens en su obra *Bleak House*. De hecho, la novela proporcionó el primer uso de la palabra "aburrido" en ese sentido.

Comúnmente pensamos en el aburrimiento como algo más bien trivial, pero ha sido asociado con la depresión y los trastornos de ansiedad. El aburrimiento —no tener nada que hacer— también ha sido culpado de conducta delictiva y antisocial e implicado en conductas de riesgo como el consumo de drogas y ludopatía, con las personas que buscan emociones para escapar del aburrimiento de sus vidas.

Las causas de aburrimiento por angustia es reconocido en su uso como un castigo en las prisiones de todo el mundo. Sin embargo, es importante conseguir el equilibrio adecuado. El aburrimiento es una cuestión de vida o muerte en más de un sentido. Si los prisioneros están demasiado aburridos, puede ser fatal. Uno de los dos presos condenados por matar a otro recluso en la prisión de Long Larton, Inglaterra, cuando

> *"Y estoy aburrida hasta la muerte con eso. Aburrida hasta la muerte con este lugar, aburrida hasta la muerte con mi vida, aburrida hasta la muerte conmigo misma".*
> Lady Deadlock, en *Casa desolada*, por Charles Dickens, 1852-53

se le preguntó por qué había matado al hombre, dijo: "Estoy aburrido, era algo que hacer". Es una excusa repetida por más de un adolescente "aburrido" que ha escrito en las paredes, tirado marquesinas de los autobuses a patadas e incluso golpeado a ancianos.

El filósofo y matemático del siglo XVII Blas Pascal pensaba que el aburrimiento era más que algo trivial. Lo veía como una especie de horrible angustia existencial que solo podía ser tratada al llenar la vida con un propósito —y, siendo la Francia del siglo XVII, ese propósito era Dios:

"Buscamos reposo en una lucha contra algunos obstáculos. Y cuando hemos superado estos, el descanso resulta insoportable debido al aburrimiento que produce… solo un objeto infinito e inmutable —es decir, Dios mismo— puede llenar ese abismo infinito".
Pensées, publicado póstumamente (Pascal murió en 1662)

Más tarde, tanto Martin Heidegger (1889-1976) como Arthur Schopenhauer (1788-1860) recogieron este tema, con un resultado prediciblemente sombrío. Schopenhauer sostenía que si la vida tenía un valor real, nunca estaríamos aburridos porque la vida misma sería suficiente. Heidegger coincide, aunque no con un veredicto tan condenatorio sobre la vida:

"Aburrimiento profundo, a la deriva aquí y allá en los abismos de nuestra existencia como una niebla de amortiguación, elimina todas las cosas y de los hombres y de uno mismo junto con él en una indiferencia notable. Este aburrimiento revela ser como un todo".
Martin Heidegger, 1929

Por lo tanto, ¿qué debes hacer con ese niño aburrido?

En primer lugar, ¡deje que se aburran un poco! Estar aburrido es útil; el aburrimiento es la madre de más de un proyecto creativo (véase F. Scott Fitzgerald, página 125). Los niños necesitan aprender a ocuparse ellos mismos y administrar su tiempo, es una habilidad vital de la vida. Tienen que resolver lo que les interesa y lo que no; no pueden hacerlo si son alimentados con una corriente constante de diversiones. La única cosa que los psicólogos piensan que realmente no debería hacer es volcar sus niños aburridos enfrente de una pantalla de televisión o computadora.

Las actividades basadas en pantallas producen pequeñas dosis de dopamina en el cerebro, una sustancia química que contribuye al aprendizaje y la concentración. Es fácil que los niños se acostumbren al nivel más alto de la dopamina que las actividades en pantalla producen, y después les resulte más difícil concentrarse en las actividades que no entregan una mayor cantidad de dopamina. A los niños que usan las pantallas por demasiado tiempo les puede resultar más difícil concentrarse

cuando realicen actividades sin pantalla. Si desea que abandonen el tiempo de pantalla más adelante, usted tendrá un trabajo más duro en sus manos que ayudarles a encontrar algo que hacer ahora.

Por supuesto, lo mismo va para usted. Si está aburrido, un juego de computadora, una sesión de red social o una caja recopilatoria de DVDs le mantendrá feliz esta vez, pero podrían hacerle aún más propenso a estar aburrido después.

¿PANTALLAS O GRITOS?

Es la cosa más fácil del mundo dejar a un niño delante de una pantalla de televisión o darles una computadora de mesa para jugar. Sin embargo, la Academia Americana de Pediatría recomienda que no lo haga. Los tiempos frente a la pantalla recomendados para los niños son:

- Hasta 2 años de edad: Ninguno
- Edades de 3 a 6 años: 4 a 6 horas a la semana, con las actividades discutidas y elegidas cuidadosamente
- Edades de 6 a 14: 6 a 8 horas a la semana (¡Buena suerte con eso! Una encuesta realizada en 2010 encontró que jóvenes de edades entre los 8 y 18 años pasan un promedio de 7 horas y media al día en los medios de comunicación electrónica)
- Edades de 14 a 18: Déjelos que pongan sus propios límites, en acuerdo con usted. Tienen que aprender a autorregularse.

Capítulo 12
¿Qué tan cruel puedes ser?

Podrías pensar que nunca dañarías a alguien que no te ha hecho daño. ¿Pero puedes estar seguro?

¿Darías descargas eléctricas a otra persona, inocente de cualquier delito, solo porque alguien te dijera? ¿No? ¿Estás seguro? Somos mucho más susceptibles a la autoridad de lo que nos gustaría pensar.

La incredulidad con la que los estudiantes de Ron Jones conocieron su explicación sobre la Alemania nazi es una respuesta común (véase la página 54). A la mayoría de las personas normales les resulta difícil creer que ciudadanos alemanes ordinarios, al igual que cualquiera de nosotros, pudieran ser persuadidos para torturar y ejecutar a sus compañeros humanos. ¿Eran los alemanes que se convirtieron en nazis, de alguna manera, diferentes?

> *"Cuando se piensa en la larga y sombría historia del hombre, encontrará que han sido más los crímenes que se han cometido en el nombre de la obediencia, que los que se han cometido en nombre de la rebelión".*
> C. P. Snow, 1961

El experimento Milgram

Stanley Milgram, psicólogo de la Universidad de Yale, Connecticut, estaba interesado en la defensa dada por muchos ex nazis de que simplemente habían estado siguiendo órdenes. Tenía curiosidad por descubrir hasta qué punto la gente común seguiría órdenes. Así que decidió averiguarlo.

En 1961, Milgram reclutó a cuarenta voluntarios para ayudar con un estudio sobre el aprendizaje, todos ellos hombres entre los veinte y cincuenta años de edad (y por lo tanto, comparables a los que podrían haberse convertido en guardias de la SS en la Alemania nazi). Él les dijo que les serían asignados al azar los papeles de alumno o profesor, pero en realidad todos los voluntarios tenían que ser profesores y todos los "aprendices" eran cómplices de Milgram, actores informados para desempeñar su papel. Los maestros fueron instruidos para hacer preguntas a un aprendiz en una habitación adyacente. Se les dijo que el aprendiz estaría atado a una silla con dos electrodos conectados a su cuerpo. Si el aprendiz contestaba erróneamente una pregunta, se requería que el voluntario (el instructor) administrara una descarga eléctrica. Al voluntario se le dijo que los choques eran dolorosos pero no perjudiciales. Los choques fueron leves al principio, pero al parecer se hicieron más extremos conforme el alumno daba más respuestas equivocadas, aumentando progresivamente (se les dijo) de 15 voltios a 450 voltios —un nivel peligroso de descarga.

> *"¿Podría ser que Eichmann y su millón de cómplices en el Holocausto estuvieran simplemente siguiendo órdenes? ¿Podríamos llamarlos a todos cómplices?".*
> Stanley Milgram, 1974

Tortura con guión

Se podía escuchar a los actores gritar, luchando en sus sillas y pidiendo ser liberados ya que aparentemente fueron sometidos a más y más dolor. A 300 voltios, siguiendo un guión, el aprendiz golpeó la

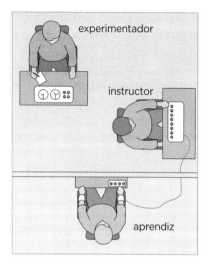

experimentador

instructor

aprendiz

pared, pidiendo que le dejaran salir. Por encima de ese nivel de descarga, el aprendiz se quedó en silencio, sin dar más respuestas. Al voluntario se le dijo que considerara el silencio como una respuesta incorrecta y que siguiera aumentando los choques. El experimentador se sentó en la sala con el voluntario y, si el voluntario se resistía a la idea de la administración de una descarga eléctrica, lo animaba con las siguientes instrucciones del guión, en orden:

1. Por favor, continúe.
2. El experimento requiere que usted continúe.
3. Es absolutamente esencial que usted continúe.
4. No tienes otra opción que continuar.

Usted puede encontrar los archivos de audio y videos del experimento en línea.

Solo di que sí

Los resultados que Milgram entregó eran alarmantes. Todos los voluntarios continuaron administrando descargas de hasta 300 voltios y casi dos tercios (65%) de los voluntarios continuaron hasta el final y llegaron al nivel más alto de descarga, 450 voltios. Milgram concluyó que tenemos la imperiosa necesidad de obedecer a una figura de autoridad —incluso una tan aparentemente inofensiva como un investigador científico.

Milgram dio parte a sus voluntarios, explicándoles el experimento y anotó cómo reaccionaron. Identificó tres tipos de voluntarios, de acuerdo con sus respuestas. Los que:

- Obedecieron, pero se justificaron a sí mismos —trasladaron la responsabilidad sobre el experimentador o, en algunos casos, sobre el aprendiz (por ser estúpido).
- Obedecieron, pero se culparon a sí mismos —se sentían mal por lo que habían hecho. Milgram sintió que este grupo podría actuar de forma diferente si se encontraran en una situación similar en el futuro.
- Se rebelaron —se negaron a continuar con el experimento, citando la primacía del bienestar del aprendiz sobre las necesidades del experimento.

Las circunstancias de la obediencia

Milgram repitió su experimento, variando algunos aspectos de la configuración para ver qué factores afectaban los niveles de obediencia. Encontró que los niveles de obediencia fueron mayores en el entorno sagrado de la Universidad de Yale, pero inferiores en una oficina destartalada

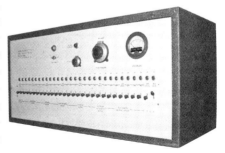

> *"He creado un simple experimento en la Universidad de Yale para probar cuánto dolor podría infligir un ciudadano común a otra persona simplemente porque un científico experimental se lo había ordenado. La autoridad cruda se enfrentó a los más fuertes imperativos morales de los sujetos (participantes) contra hacerle daño a los demás, y con los gritos de las víctimas resonando en los oídos de los sujetos (participantes), la autoridad ganó las más de las veces. La voluntad extrema de los adultos para llegar a casi cualquier extremo con el mandato de una autoridad constituye el principal hallazgo del estudio y un hecho que exige una explicación con la mayor urgencia".*
> Stanley Milgram, 1974

en la ciudad. Los niveles fueron más altos cuando el experimentador llevaba una bata de laboratorio y bajaban cuando llevaba ropa de calle. La gente era más obediente cuando la figura de autoridad (el experimentador) se encontraba en la habitación, en lugar de dar instrucciones por teléfono. Por último, la obediencia se elevaba considerablemente cuando la gente no tenía que presionar el interruptor por sí mismos para administrar la descarga, pero delegaba la tarea a un asistente.

Teoría de la agencia de Milgram

Para dar cuenta de la celeridad con la que la gente común se comportaría de maneras espantosas, Milgram propuso su "teoría de la agencia".

Sugirió que tenemos dos estados diferentes: autónomos y "agénticos". En el estado autónomo, la gente hace sus propias elecciones y asume la responsabilidad por sus acciones. Se rigen por sus propios conjuntos de valores y normas. En el estado agéntico, actúan como agentes, cumpliendo órdenes y sintiendo que no tienen ninguna responsabilidad por sus acciones, ya que no las han sancionado personalmente.

Cuando nos enfrentamos a una figura de autoridad, afirmó Milgram, la mayoría de personas se someten a un "cambio de agénticos", pasando del autónomo al estado obediente. Esto explica por qué los soldados estadunidenses obedecieron órdenes de matar a civiles vietnamitas desarmados en la aldea de My Lai en 1968; por qué los soldados serbios de Bosnia violaron mujeres como un acto de guerra, y considera cualquier número de otras atrocidades cometidas contra los inocentes en Ruanda, los estados bálticos y en Irak en los últimos veinte años. Los críticos se quejan de que ha sido demostrada la existencia de un mecanismo para este cambio y es difícil ver cómo se podría medir (si, de hecho, es que existe).

"La gente común, que simplemente hace su trabajo, y sin ninguna hostilidad particular, por su parte, pueden convertirse en agentes de un proceso destructivo terrible. Por otra parte, aun cuando los efectos destructivos de su trabajo se convierten en patentemente claros, y se les pide que lleven a cabo acciones incompatibles con las normas fundamentales de la moral, relativamente pocas personas tienen los recursos necesarios para resistir a la autoridad".
Stanley Milgram, 1974

DE LA BOCA DEL CABALLO

Durante su juicio en Jerusalén en 1960, el criminal de guerra nazi Adolf Eichmann se refirió repetidamente a su papel como uno de obediencia impotente, a pesar de que había estado en gran parte a cargo de establecer el Holocausto. Se describió a sí mismo como "uno de los muchos caballos que tiraban de la carreta y no pude escapar hacia la izquierda o la derecha, debido a la voluntad del conductor".

"Desde mi infancia, la obediencia era algo que no podía sacar de mi sistema. Cuando entré en las fuerzas armadas a la edad de 27 años, encontré que ser obediente no era ni un poco más difícil de lo que había sido durante mi vida hasta ese momento. Era impensable que no siguiera órdenes.

"Yo personalmente no tuve nada que ver con esto. Mi trabajo consistía en observar y reportar acerca de ello.

"Obedecer una orden era la cosa más importante para mí. Podría ser que estuviera en la naturaleza del alemán.

"Ahora que miro hacia atrás, me doy cuenta de que una vida que está basada en ser obediente y acatar órdenes es de hecho una vida muy cómoda. Vivir de tal manera reduce al mínimo la propia necesidad de pensar".

Adolf Eichmann, 1960

¿Era cierto?

La metodología de Milgram ha sido criticada, así como la ética de llevar a los voluntarios a creer que estaban perjudicando a alguien. (Varios voluntarios claramente sufrieron angustia extrema durante el experimento. Sin embargo, ellos fueron informados después, y Milgram hizo seguimiento un año más tarde para comprobar que ninguno sufrió un daño a largo plazo.)

En 2013, la psicóloga Gina Perry publicó los resultados de su investigación en el archivo de Milgram: La presentación de los resultados de Milgram fue un tanto selectiva, fusionando todos los estudios para dar un 65% de calificación de obediencia. Algunos voluntarios habían sospechado el engaño, mientras que algunos habían subrepticiamente "infringido" descargas de una tensión más baja (pero aun así la intensidad de los gritos aumentaron). Algunos pidieron que se revisara al aprendiz o pidieron intercambiar lugares con él (peticiones que fueron denegadas), y el experimentador con frecuencia se desvió del guión para intimidar o coaccionar a los voluntarios para cumplir la tarea. Además, la muestra de Milgram fue un grupo autoseleccionado de varones estadunidenses, ¿se puede considerar representativo de la gente en general? Sea o no que los resultados del estudio de Milgram son fiables o estadísticamente exactos, está claro que una proporción significativa de personas llevarán la obediencia lo suficientemente lejos como para estar dispuestos a infligir un daño grave a los demás. Tal vez no hay un nazi interno en todos nosotros, pero hay una alarmante tendencia a hacer lo que se nos dice, aunque dudemos de la moralidad o de la sabiduría de la orden.

Capítulo 13

¿Por qué estás perdiendo mi tiempo?

Perder el tiempo de alguien es imperdonable. Así que tienes que persuadirlos de que no fue en vano.

No nos gusta perder el tiempo. Sabemos que el tiempo es un bien valioso y nos frustramos si nos vemos obligados a desperdiciarlo. No importa que la mayoría de nosotros perdamos mucho tiempo de todos modos —es diferente si usted ha elegido ver telebasura o mirar por la ventana. Lo que realmente no nos gusta es que se nos obligue a esperar, cuando es obvio que no estamos haciendo nada.

Haga fila en silencio

Tan improbable como pueda parecer, hay personas que se especializan en la gestión de hacer fila —en hacer que la gente se comporte bien en las filas y que sientan que ellos han tenido una tan buena

---

EL AEROPUERTO DEMASIADO EFICIENTE

El aeropuerto de Houston estaba recibiendo un gran número de quejas de los pasajeros sobre la cantidad de tiempo que tuvieron que esperar para recoger su equipaje. El aeropuerto respondió mediante el empleo de más maleteros para que el equipaje se entregara más rápidamente. El promedio de espera se redujo a ocho minutos, pero el nivel de quejas se mantuvo igual.

La siguiente solución del aeropuerto fue un golpe de genialidad. Trasladaron el área de reclamo de equipaje mucho más lejos de las puertas de llegada. Ahora los pasajeros tuvieron que caminar mucho más lejos —y así usaban la mayor parte del tiempo de espera— antes de que llegaran a cualquier lugar cerca de los carruseles. En lugar de esperar durante ocho minutos, caminaron por seis y esperaron dos. Las quejas se detuvieron. La gente ya no sentía que estaba perdiendo el tiempo.

La disposición de la gente a hacer fila está en relación directa con lo que ellos piensan que están recibiendo. La gente no va a hacer fila para comprar algunos artículos, especialmente si tienen que estar detrás de personas con una gran cantidad de compras, que va a obtener más por su tiempo —no solo más compras, sino más de la atención del asistente de ventas— de lo que ya tienen.

experiencia como podrían haberlo hecho. Si las personas se sienten ignorados, es más probable que estén de mal humor.

Provocan problemas, o gastan menos dinero, o deciden no regresar. Invertir un poco en la gestión de filas paga dividendos.

Las organizaciones que venden servicios que implican un montón de espera o filas toman ventaja de la investigación psicológica acerca del comportamiento en la fila y en la espera. Si los clientes pueden ser persuadidos a ser felices por hacer fila, estarán menos propensos a presentar una queja sobre el trato y es mucho más probable que regresen.

Walt Disney emplea a setenta y cinco ingenieros industriales de todo el mundo para ayudar con la gestión de filas en sus parques temáticos.

¿Cuánto tiempo tengo que esperar?

Las personas suelen sobrestimar el tiempo que tienen que esperar. Si se les pregunta por cuánto tiempo han estado formados, afirman haber esperado, en promedio, 36% más de lo que realmente ha sido.

La rabia de hacer fila es un fenómeno tan real como la rabia del camino, pero se puede reducir si la gente de la fila se mantiene informada. Si ellos saben cuánto tiempo van a tener que esperar, es menos probable que se enojen, a no ser que la espera sea más larga de lo que se suponía. Algunos parques temáticos anuncian los tiempos de espera para los paseos de manera ligeramente exagerada, porque entonces la gente está gratamente sorprendida más que decepcio-

nada. Vienen con la sensación de que no tienen que esperar demasiado tiempo, y que le han ganado de alguna manera al sistema. Por ejemplo, en el curso normal de los acontecimientos la gente podría quejarse de tener que esperar durante treinta minutos. Pero si lo que esperaban en realidad era esperar cuarenta minutos, son menos propensos a quejarse, ya que ahora sienten que están "adelantados" por diez minutos.

Usted no está haciendo nada

Otra forma de mantener a la gente tranquila es darles algo que hacer, como ver anuncios o actualizaciones de las noticias en una pantalla. Las pantallas han aparecido por todas partes donde tenemos que permanecer sentados o estar sin hacer nada. Usted puede ver las noticias en un autobús, en el tren, en la oficina postal y en las salas de espera de los hospitales.

> *"A menudo, la psicología de hacer fila es más importante que la estadística de la misma espera".*
> Richard Larson, del Instituto Tecnológco de Massachusetts (MIT)

O podemos ser recompensados (o sobornados) con los dulces gratuitos que se encuentran en las áreas de recepción de hoteles o café gratis en un salón de la clínica o salón de belleza. Los dulces o el café son el escaso pago por su precioso tiempo, pero la gente no piensa de esa manera. El valor de su tiempo se reconoce y por él se le ofrece algo a cambio —no importa que lo que se le ofrezca sea prácticamente inútil, su necesidad subliminal de ser valorado está satisfecha.

No te preocupes

Una de las razones por las que a las personas no les gusta esperar es que los pone ansiosos. Ellos están preocupados por el tiempo que están perdiendo, y a veces por lo que viene después de la espera (en el dentista, por ejemplo). Si la espera es demasiado larga, también podrían preocuparse de que hayan sido olvidados.

El hablar con alguien o el ser trasladado a un área diferente ayuda a las personas a sentirse menos ansiosas, ya que creen que están siendo "vistas" o "tratadas", que ya ha comenzado el proceso. La espera como parte de un

Ser capaz de ver cómo muchas personas están a la espera por delante de usted en realidad no dice cuánto tiempo tiene que esperar, pero conforme los números se marquen se puede ver el avance.

proceso molesta a la gente menos que la espera para iniciar ese proceso. Así que, aunque no hace ninguna diferencia en el tiempo que tiene que esperar para ver a un médico, si se mueve de un área de espera hacia otra después de quince minutos, se siente menos frustrante.

Si una enfermera toma una historia rápida de su problema o le pide que rellene un cuestionario, se sentirá aún mejor, ya que parece que ya no están perdiendo el tiempo —incluso si la enfermera no hace nada con la información que usted proporciona.

Cuando se te vende la espera

¿Alguna vez ha caminado por una tienda de Apple el día que se lanza un nuevo iPad o iPhone? La fila a menudo da la vuelta alrededor de la manzana, y aun así a nadie le importa. Lo mismo pudo decirse de las personas que hicieron fila a medianoche para la última novela de Harry Potter. No es lo mismo que hacer fila para las baratas de las tiendas o comprar entradas para un concierto o un festival muy popular —hay una cantidad limitada de estos y solo una oportunidad para comprarlos. En realidad, nadie cree que Apple vaya a hacer la mayor cantidad de iPhones que pueda vender, solo que no todos estarán disponibles en el primer día.

La ilusión de exclusividad es creada por el alto precio y por hacer fila. La gente va a pasar mucho tiempo en una fila para tener un nuevo teléfono un par de días antes que otras personas. Ellos incluso van a presumir de cuánto tiempo han estado haciendo fila y formar un vínculo con otras personas en la fila.

La agencia y su escasez

Una de las razones por la que no nos gusta hacer fila es que sentimos que no tenemos control sobre la situación. En el lenguaje de la psicología, esta "falta de agencia" nos hace sentir mal. La agencia es el sentido de que estamos actuando como agentes independientes, que nuestro destino está en nuestras propias manos. Es una combinación de fortalecimiento y autodeterminación.

La falta de agencia a gran escala es muy perjudicial para la gente, lo que lleva a la frustración, el enojo e incluso la depresión. Cuando se les pidió que dieran cuenta de su historia personal y sus circunstancias, las personas con depresión frecuentemente sitúan el origen de los problemas fuera de sí mismos. Hablan de las cosas que les suceden y de lo que otros han hecho que ha tenido un impacto en ellos. Las personas que no están deprimidas tienden a ponerse en el centro de su propio relato, diciendo lo que han hecho o cómo han respondido a las situaciones externas. No simbolizan los acontecimientos externos como la fuerza motriz de su vida.

Pan, circos y espectáculos de talento

Las personas pueden ser distraídas de su falta de agencia, y muchos sistemas políticos han intentado hacerlo (a menudo con éxito). Cuando las personas se sienten impotentes, se apoderarán de cualquier situación aparente de concesión de poder o cualquier cosa que aparentemente convalide su valor.

La gente hoy en día es golpeada por las fuerzas econó-

"Ya hace mucho tiempo, desde el momento en que vendíamos nuestro voto a ningún hombre, el pueblo, hemos abdicado de nuestros deberes; para las personas que alguna vez distribuyeron el mando militar, el alto cargo civil, las legiones —todo, ahora es contenerse y ansiosamente esperar por solo dos cosas: pan y circo".
Juvenal, *Sátiras* (10)

micas y políticas más allá de su control, por lo que se sienten impotentes. En respuesta, adoptan pequeños actos de agencia, o falsa agencia, al votar en concursos de talentos y los *reality shows* y "hacer oír su voz" en las redes sociales y en la fuente de comentarios de los sitios de noticias. ¿Usted votó por el ganador del concurso de talentos? Usted hizo que eso sucediera. ¿Usted tuiteó su disgusto ante una noticia? Usted es parte de "la conversación".

BOTONES QUE HACEN NADA

¿Conoce esos botones en cruces de carreteras que parecen como si cambiaran las luces a su favor? Por lo general, no hacen nada por el estilo. Las luces están en una secuencia fija y el botón no tiene efecto en ellas en absoluto. Estos botones que no hacen nada —llamados "botones placebo", que viene del latín placebo, "yo agrado"— están por todos lados. El botón "cerrar puertas" en un ascensor a menudo tampoco hace nada. Pero ellos nos dan un sentido de agencia y hacen que la espera a que las luces cambien o que llegue el ascensor se sienta menos que una rendición.

Capítulo 14

¿Por qué nadie ayudó?

El no poder ayudar a alguien en problemas no es solo crueldad. Es más complicado que eso.

¿Alguna vez ha visto que algo malo suceda y se dio cuenta de que otras personas pasaron por delante sin ayudar? Tal vez usted también pasó por delante sin ayudar. A veces podemos decirnos a nosotros mismos que no queremos involucrarnos. Si se trata de una disputa doméstica, podemos decir que no es asunto nuestro. Si se trata de una situación de peligro, podemos decir que no queremos salir lastimados. Pero ¿qué tal si alguien ha tenido un accidente, o ha colapsado, o está teniendo un ataque? La gente todavía camina más allá cuando no hay riesgo de peligro o de inmiscuirse de una manera in-

EL ASESINATO DE KITTY GENOVESE

Kitty Genovese era una mujer italiano-estadunidense que fue atacada y asesinada en Nueva York en 1964. Su atacante, Winston Moseley, aún estaba en la cárcel por el asesinato al momento de escribir este libro, unos cincuenta años después. En el momento de su asesinato, los periódicos informaron que treinta y ocho personas presenciaron u oyeron el ataque, pero ninguna llegó en ayuda de Kitty. Sin embargo, relatos posteriores negaron que tantas

personas estuvieran al tanto del ataque o que nadie hubiera ayudado. Sean cuales sean los hechos reales, el caso provocó un estudio psicológico de largo alcance sobre este "efecto espectador" —ahora se le conoce algunas veces como el "síndrome Genovese".

oportuna. Se llama el "efecto espectador". Y no solo se aplica al ayudar a otros, incluso puede extenderse a la protección de nosotros mismos.

¿Quién ayudará?

Mientras que intervenir en un asesinato probablemente sería peligroso, obtener ayuda para alguien que tiene un ataque de epilepsia parece una cosa obvia y humana de hacer. Sin embargo, sorprendentemente, pocas personas en realidad van en su ayuda.

En 1968, impulsado por el caso Genovese, John Darley y Bibb Latané crearon un experimento en la Universidad de Columbia para descubrir si la gente ayudaría a un desconocido en apuros. Ellos en efecto pidieron voluntarios para participar en un estudio psicológico sobre los problemas personales. Como es habitual en los experimentos de psicología, esa historia fue solo una tapadera. Debido a que los temas tratados eran privados, toda la discusión iba a tener lugar a través de sistemas de intercomunicación. Era importante que los participantes no pudieran verse unos a otros. Había uno, cuatro o ningún otro participante en cada estudio.

A mitad de una discusión, un participante (en realidad un cómplice de los investigadores) fingía tener una convulsión. Ellos tartamudeaban, pedían ayuda, decían que estaban enfermos, se ponían cada vez más angustiados y decían que sentían que iban a morir. Otros participantes pudieron escuchar esto —y entre sí— por el intercomunicador. Se les había dicho al principio que era importante que todos los participantes permanecieran en el anonimato —correr en busca de ayuda podría comprometer el anonimato.

"Y-er-um-Creo-yy-yo e-r-necesito-er-si-si podría-er-er-er al-guien-er-er-er-er-er-er darme un poco de me-er-dar un poco de ayuda aquí porque-er-er-er-er estoy--erh-h-tenien-do aaa verda-dero problema-er-en este momento y -er-si alguien me podría ayudar lo haría- haría-er-er-ss seguro ser-seguro sería bueno. . . porque-hay-er-er-una causa y-er-y-uh-yo tengo – un-une aa una de e-sas er-cosas viniendo er-at-at-aque er-en y-y-y pude real-mente-er-utilizar algunos-er-ayuda así que si alguien me-er-da un poco de a-ayu-da-uh-er-er-er-er-er p-p-podría alguien-er-er-ayudar-er-uh-uh-uh (asfixia sonidos). . . . Voy a morir-er-er-Voy. . . a morir-er-ayuda-er-er-convulsio-nes-er (estrangulaciones, des-pués quietud)".

Transcripción de una convulsión, Darley y Latané, 1968

Darley y Latané encontraron que mientras más personas se involu-craban en el debate, menos probabilidades había que alguien fuera a ayudar. A pesar de que ellos no podían ver a los demás participantes, sabían que estaban allí. Parecía que cada persona sentía que tenía menos responsabilidad hacia el desconocido en apuros porque había otras personas alrededor que deberían asumir la responsabilidad. La procedencia individual y el género no hicieron ninguna diferencia en si las personas ayudaban. Cuando un participante era la única persona que se involucraba, buscaba ayuda el 85% de las veces. Esto se redujo a 31%, cuando varias personas se involucraban en el debate.

No indiferente

Las personas que no buscaron ayuda no fueron insensibles hacia la víctima. Ellos mostraron síntomas de preocupación y angustia, incluyendo sudoración y temblor. Parecían estar atrapadas entre el temor a la vergüenza o de echar a perder el experimento y con angustia por la suerte de la persona que tenía la convulsión. Cuando ya no había más participantes, era mucho más probable que la persona actuara.

INDIFERENTE

En 2011, una niña de dos años de edad fue atropellada por un camión en la ciudad china de Foshan. La niña, Yue Yue, yació en la carretera durante siete minutos y fue atropellada otra vez, mientras que las personas caminaban y pasaban en bicicleta junto a ella hasta que finalmente una mujer la trasladó a la orilla de la carretera. Más tarde murió de sus heridas en el hospital.

La indignación mundial posterior se centró en los cambios de los patrones sociales en China. La posibilidad de ser responsable de los gastos médicos de la niña podría haber sido un factor que contribuyó a la renuencia de la gente a ayudar. La provincia de Guangdong debatió la introducción de una ley para que sea ilegal el ignorar a alguien en peligro. Pero no se trata de ser chino. En 2009, una veintena de personas fueron testigos de la violación y asesinato de una niña de quince años de edad, en Richmond, California. Nadie pidió ayuda o intervino. Algunas personas incluso lo filmaron en sus teléfonos. Algunos espectadores dijeron después que ellos pensaban que era una broma, gente perdiendo el tiempo. Pero nadie lo verificó; nadie le preguntó si necesitaba ayuda.

Cuando había otros, claramente esperaban que otra persona hiciera lo que se necesitaba. De hecho, dependían de alguien más haciéndolo.

Cómo los agresores se salen con la suya

Si las personas no van a involucrarse para detener una violación o un asesinato o incluso para ayudar a un niño herido, ¿es de sorprenderse que los acosadores puedan salirse con la suya al atormentar a sus objetivos? Ya sea en el trabajo o en el parque infantil, las personas se hacen de la vista gorda ante el acoso, así como ante otras angustias. Y mientras más gente las conoce, más cada uno lo ve como un "no es mi problema" y lo deja para que alguien más lo resuelva.

No sabemos nada

Una razón para no intervenir es lo que los psicólogos llaman "ignorancia pluralista". Si hay otras personas presentes, miramos para ver cuál es su reacción. Si ellos no están respondiendo como si hubiera una emergencia, o como si alguien necesitara ayuda, suponemos que hemos malinterpretado la situación. No queremos parecer tontos, así que vamos con la posición mayoritaria. Pero si todo el mundo está haciendo esto, y nadie sabe realmente lo que está pasando, la víctima se va sin ayuda. Es por eso que las personas se ahogan en una playa concurrida. La gente no es indiferente —solo que no reconocen la situación como una emergencia.

¿Qué es ese humo?

Darley y Latané llevaron a cabo otro experimento con los espectadores, pero esta vez fueron los propios participantes los que parecían estar en peligro. Pusieron a los estudiantes a completar cuestionarios en una habitación. Después de un tiempo, humo comenzó a filtrarse en la habitación. El humo se volvía cada vez más espeso hasta que los estudiantes apenas y podían ver. Cuando los estudiantes estuvieron solos en una sala llena de humo, el 75% de ellos encontraría una forma de reportar el problema.

Pero si estaban en una habitación con otras dos personas que ignoraron el humo solo el 10% dio la alarma. Ellos preferían arriesgarse a morir por inhalación de humo o quemados que ponerse en vergüenza por ¡levantar una falsa alarma!

Capítulo 15

¿Eres el mejor "tú" que puedes ser?

¿Quién eres tú? ¿Quién quieres ser? ¿Son los mismos?

La búsqueda de la realización personal se remonta a miles de años. A lo largo de la historia, los filósofos y líderes religiosos han sugerido cómo la gente podría mejorarse a sí misma y a sus vidas. Ahora los psicólogos se han incorporado, y toda una industria del libro de autoayuda ha florecido en el abono de nuestra insatisfacción. ¿Cómo se puede sacar el máximo provecho de uno mismo y de su tiempo aquí?

¿Qué es la autorrealización?

El objetivo podría ser llamado iluminación o salvación, realización personal o —más recientemente— autorrealización, pero de cualquier manera se trata de vivir bien su vida, con significado e integridad. Mientras que a menudo las religiones imponen una noción preconcebida de "vivir bien", la autorrealización se trata de cumplir con su potencial, convirtiéndose en la persona que usted cree que debería ser, o la que más querría ser —el mejor "tu" ideal. Es diferente para cada uno, una búsqueda individual sin ningún guión.

"Lo que un hombre puede ser, tiene que ser. Esta necesidad que podemos llamar la autorrealización... Se refiere al deseo de autocumplir, es decir, a la tendencia de que él se realice en lo que es potencialmente. Esta tendencia puede ser expresada como el deseo de ser cada vez más lo que uno es, para convertirse en todo lo que uno es capaz de llegar a ser".
Abraham Maslow

REALIZACIÓN

Maslow vio a la autorrealización como el pináculo de los logros humanos. La colocó en la cima de su pirámide de necesidades (véase las páginas 35-36), diciendo que solo podría intentarse una vez que todas las necesidades inferiores, desde la comida hasta la autoestima y aprobación por parte de los demás, se hayan cumplido. Afirmó que solamente entre el 1 y 2% de la gente va a alcanzar la autorrealización, mientras que la mayoría de nosotros permanecemos atrapados en la búsqueda de esas incómodas necesidades de alimentación, vivienda y un coche medianamente decente. Sin embargo, para Maslow, la "gente" significa los varones blancos estadunidenses de mediados del siglo XX, que en realidad no son la mayoría de la gente (especialmente ahora). Un vistazo rápido muestra que hay muchas personas que podemos sentir que están autorrealizadas sin que necesariamente hayan cumplido con algunas de las necesidades más abajo en la pirámide.

Maslow reconoció que no todas las personas sienten las necesidades en el orden que él las puso y que algunas personas las completarán en un orden diferente. Esto es alentador, ya que significa que todavía se puede aspirar a la autorrealización si otras personas no respetan sus puntos de vista o si tiene un problema de salud crónico. De hecho, hay una cierta contradicción entre la pirámide de necesidades de Maslow y la autorrealización. Lo que Maslow llamó "pertenencia" se manifiesta en la necesidad de apoyo y respeto de los demás. Sin embargo, una de las características de las personas autorrealizadas que él identificó fue la capacidad de continuar con puntos de vista impopulares si ellas se encontraban firmemente apoyadas —por lo que persistir frente a ningún respaldo o respeto le permite dar un pequeño salto de rana en la pirámide.

¿Eres un autorrealizado?

Maslow identificó rasgos comunes de los autorrealizados que estudió. Ellos:

- Tenían una visión realista de sí mismos y de los demás y los aceptaban por lo que eran, tolerando fallas.
- Eran habilidosos, independientes y autónomos.
- Veían claramente la realidad y juzgaban las situaciones honestamente, no siendo engañados fácilmente.

- Eran espontáneos.
- Tendían a ser poco convencionales, ya que no siguen servilmente las normas y convenciones establecidas.
- Podían tolerar la incertidumbre.
- Necesitan privacidad y tiempo para sí mismos.
- Eran muy creativos.
- Se concentran en una tarea o problema fuera de sí mismos.
- Tenían un inusual sentido del humor que no era a costa de los demás.
- Tenían fuertes normas éticas por las que vivían.
- Apreciaban el mundo y lo veían con un sentido de asombro y maravilla.

El líder sudafricano Nelson Mandela es un ejemplo de una persona altamente autorrealizada, cuya vida entera se centró en el objetivo de la libertad y la igualdad para los negros sudafricanos.

- Tenían profundas y satisfactorias relaciones con algunas personas clave en lugar de amplios círculos de relaciones superficiales.
- Estaban preocupados por el bienestar de la humanidad.
- Tenían "experiencias cumbre" (véase el panel).

Es probable que si usted es un autorrealizado, no tendrá que hacerse la pregunta —ya estará contento con quién es y qué es, y la búsqueda de etiquetas para ello ya no será de su interés.

EXPERIENCIAS CUMBRE

Maslow identificó el tener "experiencias cumbre" como una característica de las personas autorrealizadas. Estos son los episodios de intenso placer o sensación de iluminación y perspicacia que surgen al contemplar el gran arte, la belleza en la naturaleza o al hacer un descubrimiento intelectual u otra realización personal. Son extáticos, trascendentales y podrían hacer que la persona se sienta parte de una gran conexión con la naturaleza o la espiritualidad. El efecto beneficioso perdura después de que la experiencia cumbre haya terminado.

Las experiencias cumbre a veces se clasifican como religiosas y reveladoras por aquellos que las tienen, y Maslow sugirió que todas las religiones han surgido como resultado de las experiencias cumbre de algún profeta particular o "vidente". La investigación farmacológica ha reproducido el efecto de la experiencia cumbre con la droga psicotrópica psilocibina, presente en los "hongos mágicos" que se han utilizado en algunos rituales religiosos durante milenios.

El camino hacia la autorrealización

Convertirse en autorrealizado debe ser directo —después de todo, solo se trata de ser uno mismo. Sin embargo, muchos de nosotros encontramos que es muy difícil de hacer. Estamos demasiado preocupados por lo que piensan los demás, de tener que adaptarnos y de hacer que coincidamos con las expectativas de los demás. Este sentimiento de pertenencia es, después de todo, algo que Maslow identificó como una necesidad.

Al frenesí extático de una experiencia cumbre provocada por ver el arte se le refiere a veces como el síndrome de Stendhal, llamado así por un comentario dado por Stendhal acerca de su viaje a Florencia: *"Yo estaba en una especie de éxtasis por la idea de estar en Florencia, cerca de los grandes hombres cuyas tumbas yo había visto. Absorto en la contemplación de la belleza sublime... Llegué al punto en el que uno se encuentra con sensaciones celestes... Todo habló tan vívidamente a mi alma. ¡Ah, si tan solo pudiera olvidar! Tuve palpitaciones del corazón, lo que en Berlín le llaman los nervios. La vida me fue drenada. Caminé con el miedo de caer".* Stendhal, sobre su visita a los frescos de Giotto en Florencia, 1817

¿Está la pertenencia en conflicto con la necesidad del autorrealizador de *no* ser gobernado por las opiniones y expectativas de los demás? Tensión, tal vez, pero no conflicto. Los autorrealizados pueden estar al tanto de lo que se espera de ellos, pero tienen la objetividad y la claridad de visión suficientes para poder distinguir entre aquellas expectativas que son simplemente el resultado de la costumbre indiscutida y las que están arraigadas en algo valioso y vale la pena conocer.

Primeros pasos

Algunos pasos hacia la autorrealización son más fáciles de hacer que otros. Los que no requieren que usted vaya contra la corriente, pero solo dar paso fuera de su zona de confort, le ayudará a formar su músculo autorrealizador. Un primer paso fácil es trabajar duro y con plena convicción en lo que haga. Experimente todo de manera plena y esté abierto al placer y al asombro a partir de fuentes pequeñas, una manera más infantil de experimentar el mundo. Es más fácil ser cínico, para decir que ha visto suficientes puestas de sol, o que usted no tiene tiempo para detenerse y mirar a los patos. Pero ¿por qué reducir su disfrute de la vida? No es grande o inteligente desdeñar los placeres simples, aunque la mayoría de los adultos lo hacen.

Estese abierto a nuevas experiencias. Tomar conscientemente la responsabilidad de usted mismo y sus acciones, en lugar de buscar otro lugar para echar la culpa, puede sentir miedo al principio, pero pronto le dará una sensación de fuerza. Probar cosas nuevas en lugar de apegarse a lo conocido y seguro, incluso si es solo probar algo diferente en el menú de comida para llevar, ampliará sus experiencias y desarrollará su confianza. Hoy, calamares crujientes de ajo —mañana, *snowboard* extremo y un escorpión mascota.

Los pasos más grandes

Nadie lo va a criticar por trabajar duro o intentar algo nuevo. Los pasos más duros son los que —o que teme que— traerán desaprobación (o incluso solo una ceja levantada) de los que le rodean.

Un paso importante es ser honesto. Eso es más difícil de lo que parece, ya que significa renunciar a jugar juegos y, en su lugar, actuar de conformidad con sus verdaderos sentimientos o creencias. Supongamos que cada uno en su lugar de trabajo está llegando más temprano y quedándose hasta tarde en un esfuerzo por impresionar.

> *"No hay seres humanos perfectos".*
> Maslow, 1970

Ellos realmente no están haciendo más trabajo, solo están siendo vistos que están allí. Los autorrealizados no juegan a este juego. Ellos harán su trabajo eficientemente y trabajarán las horas necesarias para hacerlo bien, pero no pretenderán estar haciendo más de lo que están haciendo o se involucrarán en un juego de escalada.

La honestidad es la mejor política

La autorrealización requiere ser honesto con —y hacia— usted mismo. Si hay algo que siempre hace, pero que odia hacer —si se trata de visitar a un familiar desagradable o limpiar el baño— admita que no le gusta. ¿Cuál sería el costo de no hacerlo? Tal vez al familiar desagradable le disgustan las visitas tanto como a usted. Tal vez usted prefiera pagar a un limpiador para que limpie su propio cuarto de baño que hacerlo usted mismo. Incluso si usted decide continuar —si usted decide que las visitas son valiosas para su familiar y que, o bien no puede permitirse un limpiador o no aprueba el empleo de un limpiador— una vez que haya elegido la acción y asumido la responsabilidad de ella, será más fácil de aceptar. Si usted todavía está luchando en contra de ello, usted ha tomado la elección equivocada —y siempre hay una elección. Usted *podría* dejar de ver a ese familiar, pero es posible que distancie a su familia, pierda una herencia o se sienta acosado por la culpa. Sigue siendo una opción. Haga su elección y asuma la responsabilidad por ello.

Conózcase a usted mismo y, a continuación, sea fiel a lo que usted sabe. Tal vez le guste algo que otros desprecian, como ir de vacaciones en una casa rodante, bandas populares de muchachos, o recuerdos baratos. ¿Y qué? La vergüenza viene con darle importancia a lo que otros piensan de sus opciones inofensivas. Determine por usted mismo lo que piensa y disfruta, sin deferencia a las preferencias de los demás. Eso no quiere decir que usted necesite desestimar las opiniones de los demás, o no escuchar consejos, sino que evalúe todo lo que ve y oye a la luz de sus propias experiencias y gustos y tome sus propias decisiones —las que le harán sentir feliz y realizado.

Manténgase firme

El paso más difícil es defender las cosas que quiere y creer cuando estas son diferentes de las que las personas que le rodean quieren o creen. Se necesita coraje para oponerse a la marea porque usted piense que tiene razón y hacer frente a la hostilidad. Usted puede sufrir por sus creencias. Si usted es autorrealizado, será digno, porque la integridad se habrá convertido en su mayor tesoro. Es por eso que Edward Snowden afirmó que reveló los secretos de la Agen-

cia de Seguridad Nacional y tuvo que huir a Hong Kong y luego a Rusia. Es la razón por la que Nelson Mandela y Aung San Suu Kyi pasaron años en la cárcel. Ellos creían en algo superior a sí mismos, que valía la pena cualquier riesgo o sufrimiento. (Ya sea que usted o yo creamos que tenían o no razón, no es pertinente.)

La autorrealización es acerca de ti mismo

Para estar autorrealizado, necesita saber quién debe ser. Esto es, por definición, diferente para cada persona. Alguien puede ser perezoso y grosero, pero aun así ser autorrealizado si ha sido fiel a sus propios valores y objetivos. (Diógenes podría caer en esa categoría —nunca dar un golpe de trabajo.) Nadie puede hacer su autorrealización por usted, o decirle quien es quien usted debería ser.

Los autorrealizados también simpatizan con las necesidades de los demás para su autorrealización, para que no traten de forzar los puntos de vista de otras personas o moldeen a sus hijos de acuerdo con sus propias ambiciones. En su lugar, ellos ayudan a otros a encontrar su propio camino y a avalar decisiones valientes aun si —quizá especialmente si— no son las elecciones que han hecho por ellos mismos.

¿Está todo bien? Toda la autorrealización suena fino y elegante, pero puede haber problemas, como los señaló Fritz Perls. Perls, el creador de la terapia Gestalt, dijo que hay un peligro de que las personas hagan realidad un ideal del yo, en vez de un yo genuino. Todos tenemos una idea del tipo de personas que queremos ser, y no siempre es una buena combinación con el tipo de persona que somos capaces de ser o adecuados para ser. Perls consideró también que existía el peligro de la autorrealización que se siente como una obligación y así agregar una presión sobre el individuo.

> *"¿Por qué establecemos nuestro nivel de cordura tan bajo con tanta cautela? ¿Podemos imaginar un modelo mejor que el consumidor consciente de sus deberes, el sostenedor de la familia bien adaptado? ¿Por qué no el santo, el sabio, el artista? ¿Por qué no todo lo que es más alto y más fino en nuestra especie?".*
> Theodore Rozak, Profesor de Historia, Universidad del Estado de California, 1977

Irónicamente, la presión para ajustarse a un ideal por ser autorrealizado está directamente en contra del requisito de no seguir una convención o presión social si no coincide con sus propias creencias e inclinaciones. También podría ser una cuestión de moralidad, con nosotros sintiendo que una persona "mejor" es la autorrealizada. ¿Eso es inapropiado? ¿Está Perls simplemente liberando a la gente que es demasiado perezosa para mejorarse a sí misma? Si una persona no está motivada para alcanzar la autorrealización, tal vez eso es porque no ha cumplido alguna otra necesidad o porque algo más está faltando. ¿De dónde vendrá la motivación en una persona sin motivación? ¿Qué pasa si su yo realizado es desmotivado y perezoso?

Juana de Arco, vista por los franceses como una heroína nacional, fue sin duda una autorrealizada. Hoy en día, ella podría ser diagnosticada como delirante y víctima de alucinaciones; sería poco probable que le fuera otorgado el control de un ejército. Sin embargo, su carisma y convicción la llevaron hasta el fin —nadie dice que el autorrealizado tenga que estar en lo cierto o ser cuerdo.

Capítulo 16

¿Zanahoria o palo?

¿Cuál hace que los seres humanos se desempeñen
mejor, el sistema de recompensas o el castigo?

¿Cuál es la mejor manera de conseguir que la gente haga algo: ofrecerles una recompensa o amenazarlos con un castigo? ¿No se trata solo de doblar a otros a su voluntad —debe amenazarse o recompensarse?

Sentirse motivado

Dos tipos diferentes de motivación podrían llevarnos a hacer algo: interna y externa.

La motivación interna es cuando queremos hacer algo por nuestras propias razones, porque nos gusta la actividad, la encontramos gratificante de alguna manera, o desarrolla metas que son valiosas para nosotros. Si a usted le gusta cocinar, no necesita ningún estímulo para hacerlo, usted estará feliz de hacerlo de todos modos. La motivación externa es cuando queremos hacer algo para controlar las circunstancias externas, que se nos pague, evitar ir a la cárcel o tener hambre, y así sucesivamente. Si usted tiene un trabajo que no le sea agradable, usted continuará presentándose y hará lo que le digan porque necesita el dinero que se le paga por hacerlo. Si odia la compra de alimentos, la realizará de todos modos porque de lo contrario no habrá ningún alimento en la casa cuando tenga hambre.

Es la motivación externa que está sujeta a la zanahoria y el palo.

¿Demasiadas zanahorias estropean el caldo?

En 1973, los psicólogos Marcos Lepper, David Greene y Richard Nisbett llevaron a cabo un experimento con un grupo niños de guardería de tres a cinco años de edad para poner a prueba la teoría de la "sobrejustificación" de la recompensa. Ellos seleccionaron cincuenta y un niños que les gustaba dibujar. Que a los niños les gustara la actividad de antemano fue clave para el estudio. A cada niño se le animó a dibujar durante seis minutos. Antes de comenzar, se les colocó aleatoriamente en tres grupos. A un grupo se le prometió una recompensa (un certificado) si hacían algunos dibujos. A los otros dos grupos no se les dijo que esperaran algo. Después de la sesión, aquellos a los que se les había prometido un certificado se les entregó, y uno de los otros grupos también recibió un certificado. Para este grupo el premio fue una sorpresa. El tercer grupo no recibió nada.

En los siguientes días los investigadores observaron a los niños y notaron cuánto tiempo pasaban dibujando a su propia voluntad. Los resultados fueron sorprendentes. No hubo diferencia estadística entre los que recibieron un premio sorpresa y los que no recibieron ninguna recompensa, pero los que recibieron un premio prometido dibujaron *menos*.

Parece que para una actividad que nos gusta, la motivación interna es suficiente. Si una recompensa externa se añade a eso, nos topamos con la "sobrejustificación".

Ocurre que por lo general asociamos las recompensas externas con las acciones que no queremos hacer. Los niños pueden ser recompensados por poner en orden sus juguetes, limpiar su habitación, comer sus verduras o hacer los deberes. Si va a recompensar cualquiera de ellas, piénselo cuidadosamente. Si a sus hijos ya les gustan la verdura o la tarea, es posible que les cause rechazo dándoles un mapa de las estrellas o un flan, porque la recompensa sugiere que la tarea o actividad era algo que no debería ser de su agrado. Después de todo, ¿por qué necesitamos ser recompensados por algo que estamos motivados internamente a hacer?

El efecto de sobrejustificación funciona en adultos también. Las personas que son recompensadas por dejar de fumar tienen menos éxito que las que no reciben ninguna recompensa. Si su motivación interna es desplazada por una menos potente motivación externa, su intento es menos probable que tenga éxito.

Lo que hay detrás de esto es el efecto de autopercepción (véase la página 271 [¿Sonreír te hará feliz?]). Nosotros decidimos qué pensar acerca de nosotros mismos con base en cómo nos comportamos —que suena contradictorio, pues lo que solemos imaginarnos se manifiesta en la forma en que pensamos acerca de nosotros mismos.

De todos modos, los niños que fueron recompensados por dibujar después tuvieron una explicación interna por su comportamiento, que era que ellos dibujaron porque estaban recibiendo una recompensa, por lo que si no recibían una recompensa, ellos no iban a hacer cualquier dibujo. El estudio de Lepper les robó la alegría de dibujar.

¿Por qué los banqueros necesitan enormes bonos?

La mayoría de las personas —que no son banqueros— se han preguntado en los últimos años por qué los banqueros se pagan bonificaciones masivas por hacer un trabajo por el que de por sí, ya se les paga generosamente. Los estudios sobre la motivación y la recompensa externa muestran que si las personas son recompensadas simplemente para completar una tarea, o por hacerla durante un cierto número de horas, su motivación es menor que si se les recompensa por la competencia.

Decirle a alguien que se le paga por hacer una tarea bien, lo hace trabajar más duro y más tiempo en la tarea, sin importar si realmente ha hecho bien o no la tarea. La razón dada para el pago de los exorbitantes salarios de los banqueros y bonificaciones extravagantes es que sin estas recompensas saldrían en tropel. Resulta que probablemente sea cierto. (Pero eso no responde a la pregunta de por qué no nos limitamos a dejarlos salir en tropel.)

Que los banqueros persistentemente nieguen que sean la causa de la crisis económica también se ve confirmado por la teoría psicológica.

Si a una persona se le paga más por realizar una tarea, ellos creerán que lo hicieron mejor y la disfrutarán más que si se les paga mal por ello. Así que mediante el pago de grandes sumas a los banqueros, reforzamos su creencia de que están haciendo un buen trabajo y así deberían hacer más de lo mismo. *¡Qué cosa!*

El castigo funciona mejor que la recompensa

Se siente bien cuando las cosas se mantienen igual. Es muy agradable cuando mejoran, pero es horrible cuando empeoran. (¿Recuerda el sesgo de negatividad? Véase la página 91.) El economista estaduni-

¿QUÉ TAN ABURRIDO ES ESO?

En 1959, Leon Festinger llevó a cabo un experimento en la Universidad de Stanford, en California, que implicó la contratación de personas para realizar una tarea aburrida. A los participantes se les pagó ya sea un dólar o veinte dólares, por decir a los participantes que esperaban que la tarea era interesante. Cuando más tarde se les preguntó acerca de la tarea, a los que se les había pagado veinte dólares dijeron que era aburrida, pero a los que se les pagó solo un dólar la calificaron como más interesante.

El estudio de Festinger era parte de su trabajo sobre la disonancia cognitiva (véase la página 263). Se demostró que la gente se convence a sí misma de que la tarea era más agradable de lo que era en realidad porque no quieren admitir que desperdician su tiempo en ella y mintieron a los siguientes participantes. Aquellos a los que se les pagó más, tenían una opinión más baja de la tarea. En general, nos pagan por hacer cosas que no queremos hacer. Si nos pagan una cantidad razonable por hacer algo, es una apuesta segura que es algo que, de otra manera, no queremos hacer. No es una cosa divertida, así que no deberíamos disfrutarla. Y viceversa.

dense John List probó diferentes maneras de motivar a los profesores para preparar a los estudiantes para aprobar un examen. Tomó grupos similares de maestros y le dijo a un grupo que recibirían una bonificación si los resultados de los exámenes de sus estudiantes mejoraban. Entregó 4000 dólares a cada maestro en el otro grupo y les dijo que tendrían que regresar el dinero si las calificaciones de sus estudiantes no mejoraban. En promedio, los estudiantes de los maestros que serían sancionados anotaron 7% más alto que los estudiantes cuyos maestros serían recompensados con un bono.

CARIDAD Y ANTICARIDAD

Algunas personas tratan de coaccionarse a sí mismos en la consecución de objetivos al comprometerse a dar dinero a la caridad si no lo conseguían, por ejemplo, dar dinero para financiar la investigación del cáncer si no perdían peso. Esto a menudo falla. Aunque el incentivo para mantener el dinero de uno debe parecer un estímulo razonable para la acción, el hecho de que el dinero vaya a una buena causa socava el incentivo. Dar dinero a organizaciones benéficas dignas nos hace sentir bien con nosotros mismos y lo que hemos hecho. Esto significa que estamos estableciendo un castigo que nos hará sentir bien —esto no va a funcionar. Pierde su objetivo, y piensa: "Oh, bueno, el dinero ha ido a una buena causa".

Es mucho mejor que se comprometa a dar a una anticaridad —una causa que no apoya. Podría ser un partido político o un grupo activista que no le gusta, por ejemplo. Hay, pues, un incentivo mucho más poderoso para no recibir el castigo y así hacer lo que se propuso cumplir.

Capítulo 17

¿Se puede detectar a un psicópata?

Ellos no necesariamente están llevando un hacha y royendo el hueso de una pierna humana.

¿Reconocería a un psicópata si viera a alguno? Bueno, es probable que haya visto al menos uno. ¿Se dio cuenta? Se cree que entre el 1 y el 2% de la gente podría ser clasificada como psicópata. Eso también significa que hay una probabilidad del 1% de que usted sea un psicópata. Saludos, lectores psicópatas. No hay necesidad de preocuparse demasiado —no todos los psicópatas se convierten en asesinos. Con el fin de que lo sean, es necesario que haya una coincidencia particular de genes y factores ambientales desencadenantes.

¿Asesinos natos?

Jim Fallon es un psicólogo que estudia el cerebro de los asesinos psicópatas. Ha encontrado que la hipoactividad en la corteza orbital, una parte del cerebro, justo encima de los ojos, es una característica universal de los asesinos psicópatas que ha examinado. Además, tienen anormalidades en las amígdalas, dos pequeñas estructuras situadas profundamente dentro del cerebro que están implicadas en la regulación de las emociones y la moralidad. Normalmente, las amígdalas son de baja actividad y alrededor

de 18% más pequeña en los psicópatas. El resultado es que los psicópatas esencialmente no tienen conciencia. A pesar de que pueden decir que algo está mal, comparándolo con un conjunto de normas morales, tienen poco o ningún sentido innato de lo que es hacer el mal.

Un poco de conmoción

Mientras trabajaba en la psicopatía, Fallon también estaba examinando las tomografías por emisión de positrones (*PET scan*) de los cerebros de las personas con enfermedad de Alzheimer. Dado que la familia de su madre tenía un historial de la enfermedad de Alzheimer, había incluido tomografías de los miembros de su familia en caso de que él pudiera ser capaz de detectar alguna señal temprana. Se aseguró de no encontrar ninguna evidencia de la enfermedad de Alzheimer, pero el último en el montón era un cerebro obviamente psicópata. Supuso que había mezcla-

Lizzie Borden tomó un hacha y le dio a su madre cuarenta golpes. Cuando vio lo que había hecho, le dio a su padre cuarenta y uno.

do sus tomografías. Pero cuando lo comprobó, descubrió que era una tomografía de su propio cerebro. Él —el neurocientífico consumado— tenía el cerebro de un potencial asesino psicópata.

Cuando Fallon se lo mencionó a su madre, ella le sugirió que investigara la familia de su padre. Descubrió que descendía directamente de siete asesinos, incluido el primer hombre en ser ejecutado por matricidio en América. Otro pariente era Lizzie Borden, sospechosa de matar a su padre y su madrastra con un hacha en 1892.

Genes psicopáticos

Fallon llegó a la conclusión de que hay varios genes, llamados "genes guerreros", que predisponen a un comportamiento psicópata violento. Pero los portadores de estos genes no se convierten en asesinos a menos que las cosas también vayan mal en su entorno. Atribuyó su propia vida no asesina al amor de sus padres. Según Fallon, aquellos que se convierten en asesinos en serie han sido abusados o sufrido otro trauma extremo en la infancia. Algo desencadena su violencia más allá de la predisposición genética.

¿El capitalismo necesita psicópatas?

¿Y qué hay del 1% de los psicópatas potenciales que están caminando por las calles? ¿Qué están haciendo? Muchos tienen éxito en los negocios. La psicopatía está sobrerrepresentada entre los directores ejecutivos (*CEOs*), con un estimado de 4% de ellos que tienen rasgos psicópatas. Fallon es un psicópata que es un exitoso neurocientífico. Psicópatas prosociales, tales como Fallon, tienen menos empatía que la mayoría de la gente, no forman relaciones cercanas con facilidad, y son a menudo altamente competitivos, pero no van por ahí matando gente.

Cuando Fallon les preguntó a sus amigos y familiares cómo era él, todos lo describieron como un sociópata. Dijo que cuando pensaba en ello, no le importaba —y eso demostraba que tenían razón. Un psicópata prosocial suele ser gregario, trabajador, aparentemente sociable, pero solo a un nivel bastante superficial (a menudo bastante encantador), pero no la mejor persona para tener un familiar cercano o un amigo cercano. A pesar de eso, si no han sufrido ningún trauma infantil, probablemente no tomarán un hacha contra usted, o sus padres.

> *"Los asesinos en serie arruinan familias. Psicópatas corporativos y políticos y religiosos arruinan economías. Ellos arruinan sociedades".*
> Robert Hare, Universidad de Columbia Británica

¿Prendido/apagado o un espectro?

No es claro si la psicopatía es una condición que las personas tienen o no tienen, o si hay una colección de tendencias y comportamientos que, en combinación, dan como resultado el comportamiento psicopático. En este último caso, habrá un amplio espectro de la psicopatía que va desde el completamente no-psicópata a los psicópatas criminales y peligrosos.

Trastornos de la empatía

El psicólogo británico Simon Baron-Cohen, un experto en trastornos de la empatía, ha señalado que los psicópatas carecen de empatía genuina pero son buenos para "encender y apagar" la empatía, pueden emular plausiblemente la empatía, mientras que en realidad no la sienten o pueden actuar la consideración o simpatía por los demás. Las personas con espectro autista también tienen "empatía cero", pero se esfuerzan con la "teoría de la mente" —la capacidad para apreciar el punto de vista o los sentimientos de otra persona. Los psicópatas son muy buenos para comprender cómo piensan los demás, incluso si no comparten sus sentimientos. Esto los convierte en manipuladores competentes y despiadados.

Iago. Look to your wife; observe her well with Cassio.
Act III. Scene III.

¿Fingir locura te vuelve loco?

El periodista Jon Ronson ha estudiado y escrito sobre la psicopatía ampliamente. Durante su investigación, él fue a encontrarse con un hombre llamado Tony, que fue encarcelado en la institución de salud mental de alta seguridad de Broadmoor en Berkshire, Inglaterra. Tony le dijo que había sido arrestado por golpear a alguien en un bar cuando tenía diecisiete años y había sido aconsejado por otro preso que fingiera estar loco.

PSICÓPATAS POPULARES

Ha habido algunos indicios de que en las zonas de guerra donde las hostilidades han seguido durante mucho tiempo, puede haber una selección natural a favor de los genes que contribuyen a la psicopatía y otras tendencias a la agresión física. La teoría es que las mujeres jóvenes, al sentirse amenazadas físicamente, son más propensas a elegir machos agresivos como socios con la esperanza de que esto las mantendrá a salvo.

Pensó que sería enviado a un establecimiento "arreglado", en lugar de una prisión real. Tony fingió debidamente su locura —la psicopatía, de hecho— tomando ideas prestadas de películas y libros. Dijo a las autoridades que él conseguía el placer sexual al ver automóviles que se estrellan contra las paredes, una idea tomada de la película *Crash*. Que quería ver a mujeres morir, ya que le hacía sentirse normal —una idea tomada de la autobiografía del asesino en serie Ted Bundy, que encontró en la biblioteca de la prisión (!). Tony fue muy convincente— tan convincente que, en lugar de ser enviado a una cárcel arreglada, terminó en la institución bajo vigilancia más dura en la tierra. ¡Ups!

A pesar de que Tony dijo que solo había fingido locura, pasó catorce años en Broadmoor antes de que fuera puesto en libertad. Tony le dijo a Jon Ronson que cada vez que hacía algo normal, —tal como hablar con una enfermera sobre una noticia extraña, o usar un traje a rayas— era tomado como evidencia de locura. El médico le dijo a Ronson que se había dado cuenta de que Tony había fingido deliberadamente los síntomas psicopáticos, pero estaba tan carente de remordimientos y era tan manipulador que era probable que fuera un psicópata.

A pesar de sus amplios estudios de psicopatía, Ronson estaba bastante convencido por Tony. ¿Acaso Tony manipuló a Ronson en la creencia de su historia de que él no era un psicópata? O tal vez en realidad no era un psicópata. Es, como Tony descubrió, mucho más

En *Alguien voló sobre el nido del cuco* (1975), Mc-Murphy se hace pasar por loco para evitar el trabajo duro.

fácil persuadir a alguien de que usted está loco a que usted está en su sano juicio. Muchas de las cosas que la gente cuerda hace pueden parecer locuras a otros.

Veinte meses después de su liberación, Tony fue encarcelado de nuevo por atacar a alguien en un bar.

DETECTANDO A UN PSICÓPTA

Existen numerosas pruebas que se utilizan para evaluar el grado de psicopatía mostrada por cualquier individuo. Una de las más extensamente utilizadas es el Listado de psicopatía de Hare, que enumera las características para las que el sujeto tiene una clasificación de uno o dos, dependiendo de si la función no se aplica al sujeto en absoluto, se aplica a un cierto grado o está totalmente desplegada por el sujeto. (Usted puede encontrar la prueba en línea, pero para que sus resultados sean válidos, debe ser administrada por un psicólogo entrenado. No actúe sobre cualquier diagnóstico o autodiagnóstico que elabore usando la página de internet.) Los signos de psicopatía medida con el listado de Hare incluyen:

- Locuacidad y encanto superficial
- Un grandioso sentido de autoestima
- Mentira patológica
- Un estilo de vida parasitaria
- Numerosas relaciones sexuales, poco profundas y/o de corta duración

- Irresponsabilidad
- Comportamiento impulsivo
- No se hace responsable de las propias acciones
- Falta de empatía.

Capítulo 18

¿Qué es lo que ves?

Tus ojos y tu cerebro trabajan juntos para mirar cosas y no siempre se llevan bien.

Usted habrá visto la imagen en la página 189, o una parecida, un centenar de veces. ¿Por qué confunde a nuestros cerebros para que la imagen parezca saltar hacia atrás y hacia adelante entre un florero y dos caras? La respuesta es que a nuestras mentes les gusta resolver lo que está en primer plano y lo que está el fondo y cuando no pueden hacerlo —cuando ambos hacen una forma significativa— vemos algo que se llama una imagen multiestable.

Diseñando lo que vemos

Ver es más difícil de lo que piensa. Su cerebro tiene mucho que ver cuando se mira a las cosas. Todo lo que consigue es un conjunto de datos en forma de luz de color emitida o reflejada por los objetos "ahí fuera". Para ver de una manera significativa, el cerebro necesita reconocer los objetos, incluso cuando están iluminados de manera diferente, con orientación diferente y a diferentes distancias del ojo.

> *"Mientras que parte de lo que percibimos viene a través de nuestros sentidos desde el objeto ante nosotros, otra parte (y puede ser la parte más grande) siempre viene de nuestra propia mente".*
>
> William James, filósofo y psicólogo

Existe cierto debate sobre cuánto de lo que vemos es aprendido y cuánto es innato. Los experimentos con bebés muy pequeños (dos o tres meses de edad) han demostrado que algunas de las características ya están en su lugar. La constancia del tamaño (reconocer que algo tiene el mismo tamaño, incluso si se encuentra lejos), la percepción de profundidad y la forma y el reconocimiento de patrones son todas las habilidades que los bebés muy pequeños parecen tener. Los bebés que Jerome Bruner estudió en 1966 (véase la página 287) incluso podían tomar decisiones para completar patrones, generalizar un triángulo con una barra a través de él a un triángulo completo, en lugar de cualquier otra forma que tiene el mismo aspecto cuando la barra estaba presente.

Los bebés muy pequeños no pueden realmente decir lo que ven, o incluso señalar o avanzar hacia su solución preferida. Por lo tanto, los experimentos con bebés utilizan la constancia de la mirada como una medida de interés o reconocimiento. Los bebés mirarán por más tiempo algo que les interesa.

Ver y moverse
Los experimentos en animales sugieren que si un animal joven no está expuesto a la luz y patrones normales, no es capaz de responder normalmente a ellos. Más tarde, R. Held y A. Hein encontraron, en 1963, que si los gatitos no podían moverse en su entorno, más tarde no podrían colocar sus patas correctamente o responder ante los objetos que se aproximaban, ya que no podían ni desarrollar la percepción de profundidad, ni la coordinación de enlace y la percepción.

Estudios en personas que habían restaurado la vista después de haberla perdido cuando eran bebés, o que nunca tuvieron la vista, sugieren que algunos aspectos de la visión se aprenden y algunos son innatos. Las diferencias culturales y el entorno en el que las personas crecen, también pueden afectar las capacidades perceptivas. Colin Turnbull estudió a los pigmeos Mbuti de Zaire. Como viven en un bosque denso, él conjeturó que tendrían dificultad para determinar la distancia y el tamaño. Encontró que si llevaba a un Mbuti a las llanuras y le mostraba un búfalo distante, ellos pensaban en "insectos extraños" y se sorprendieron de que parecieran agrandarse a medida que se acercaban.

Busque el conjunto, no el agujero

Mira esta imagen:

Su mente organiza este diseño en un triángulo blanco en frente de tres círculos negros o un triángulo blanco con esquinas negras. Es poco probable que usted acabe de ver tres círculos de tres cuartos. Sin embargo, si tuviéramos que volver a organizar los componentes, sería fácil verlos como elementos individuales en lugar de una sola forma.

La mente tiene una tendencia natural a ver el conjunto y no las partes, y el todo es más que la suma de las partes. Es un poco como

comparar una ensalada con sus ingredientes. Nada ha sucedido con los ingredientes, es solo la forma en que se presentan. Si usted vino a mi casa y le di un aguacate, un montón de arúgula, algunos piñones y un trozo de queso parmesano para rallar por encima de ellos, una botella de aceite de oliva virgen y un poco de vinagre balsámico, no podría estar tan impresionado. Pero si yo los hubiera mezclado juntos y los hiciera parecer agradables, usted probablemente estaría bastante contento con esto. (Si no es así, usted no está invitado.)

Tamaño y distancia

El cerebro interpreta la imagen de abajo como una serie de figuras de tamaño creciente de izquierda a derecha, siendo la más pequeña la más cercana a nosotros. Las líneas que sugieren muros y pavimentación nos estimulan a ver una vista en perspectiva, con la figura de la

derecha que es la más distante. En realidad, estas tres figuras se dibujaron del mismo tamaño. Es el cerebro que hace el trabajo en perspectiva. Si una figura está a la distancia y es del mismo tamaño que la figura en primer plano, sabemos que la figura de fondo debería aparecer más pequeña. Así que si parece tener el mismo tamaño, interpretamos que esto significa que la figura en el fondo es más grande.

¿Qué falta?

De manera natural suministramos las partes que faltan para hacer una imagen más satisfactoria y adaptarse a los patrones que estamos acostumbrados a ver. Usted ve estas formas inferiores como un

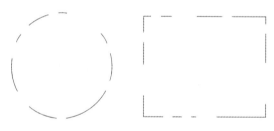

círculo y un rectángulo, y no un montón de líneas diferentes.

Pero no se trata solo de ver el todo. Hacemos un montón de deducciones y suposiciones para ayudar a interpretar lo que vemos.

¿Es la siguiente fotografía una forma de cebra pintada en una cerca? ¿O se trata de la sombra de una cebra justo fuera de la imagen?

Su cerebro utiliza su conocimiento y experiencia para interpretar lo que ve. Un niño de corta edad que nunca había visto un animal con forma de cebra podría todavía suponer que esto es una sombra de algo, ya que estamos acostumbrados a ver sombras, pero no a ver extrañas formas pintadas en metal y cercas de madera.

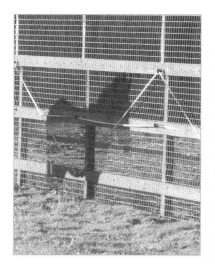

¿Y qué hay allí?

A veces nos equivocamos. La imagen en la página 196 de una "cara" en Marte, divulgada hace cuarenta años, tenía a la gente de todo el mundo elaborando todo tipo de teorías sobre extraterrestres que habían visitado el planeta o vivido en él en el pasado o dioses que habían dejado huellas allí. (¿Por qué los dioses harían eso? ¿Para engañarnos? ¿Para animarnos en la exploración espacial?) Sin embargo, cuando el mismo rasgo fue fotografiado en 1998 desde un ángulo ligeramente diferente y en diferentes condiciones de iluminación, resultó ser cualquier vieja montaña.

El cerebro tiene que reconocer los tipos generales del objeto de manera que pueda identificar que dos son el mismo tipo de cosas, incluso si no se ven muy similares. No tenemos ninguna dificultad para identificar a los seres humanos, a pesar de que pueden ser altos, bajos, gordos, delgados o lo que sea. Del mismo modo que podemos reconocer fácilmente un árbol, o una silla o un gato, incluso si nunca hemos visto ese tipo en particular antes.

También podemos reconocer el mismo objeto cuando se ve desde un ángulo, distancia o posición diferente.

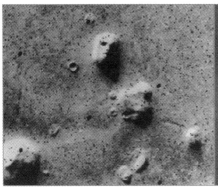
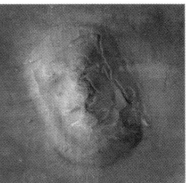

Y a pesar de que nuestra percepción de la profundidad se crea por lo general utilizando la entrada de ambos ojos, no vemos una imagen de dos dimensiones si cerramos un ojo —nuestro cerebro hace un buen trabajo en la creación de una vista en perspectiva en tres dimensiones usando la entrada desde el ojo en funcionamiento.

Sin función de deshacer

No se puede deshacer el trabajo que su cerebro ha hecho en

> *"Si nos fijamos en las paredes moteadas con diversas manchas o con una mezcla de diferentes tipos de piedras, si usted está a punto de inventar una escena, será capaz de ver en ella un parecido con varios paisajes diferentes adornados con montañas, ríos, rocas, árboles, llanuras, valles amplios y diversos grupos de colinas. Usted también será capaz de ver los buzos combate y figuras en movimiento rápido y expresiones extrañas de rostros y trajes extravagantes, y una infinidad de cosas que luego se pueden reducir a formas separadas y bien concebidas".*
>
> Leonardo da Vinci, *Cuadernos*

averiguar lo que ve, a menos que una segunda interpretación sea igualmente válida. Vea la imagen en la parte superior de la página 198.

La "Esfinge" es una formación rocosa natural que se encuentra en los Montes Bucegi en Rumania. La primera fotografía de las rocas fue tomada en 1900, pero la Esfinge no fue "descubierta" sino hasta 1936, cuando una foto fue tomada desde una posición lateral.

Para empezar, podrá ver un montón de manchas negras. Tan pronto como usted percibe una imagen real, es muy difícil volver a verla como un patrón aleatorio.

Tal vez usted puede recordar no poder leer y ver solo como un montón de garabatos. Una vez que usted puede leer, es imposible ver la escritura como meras formas. Para recuperar esa sensación, usted tiene que mirar la escritura en una letra que no se pueda leer.

Aquí hay un poco de texto en Tamil. A menos que usted lea Tamil, solo los ve como formas abstractas:

¿Las partes o las totalidades?

La Teoría de la Gestalt dice que percibimos las cosas en su totalidad, no poniendo las piezas juntas. En la imagen camuflada del dálmata arriba vemos primero las orejas, luego la cola, a continuación las patas y de ello deducimos que se trata de un dálmata. Vemos

A y B. Un objeto visto desde distintos ángulos. C. El mismo objeto distorsionado D. El mismo objeto, representado de manera diferente.

todo el perro a la vez (o nada en absoluto). A esto se le llama emergencia.

El triángulo blanco en frente de tres círculos negros en la página 192 es un ejemplo de reificación —la forma en que nuestras mentes crean un objeto.

La invariancia es la propiedad que nos dice que un objeto es el mismo, incluso si se ve desde un ángulo o distancia diferente, o si es representado de otra manera, a veces incluso si es distorsionado.

Cómo damos forma a las cosas

La Teoría de la Gestalt sugiere que nuestras mentes siguen ciertas leyes que nos ayudan a imponer patrones en lo que vemos.

La ley de la proximidad nos hace ver las cosas como grupos si están muy juntas. Vemos la imagen A (página siguiente) como tres grupos de doce círculos en lugar de solo treinta y seis círculos.

La ley de la similitud afirma que tendemos a agrupar cosas si son similares. En la imagen B vemos tres filas de círculos negros y tres filas de círculos blancos, en lugar de un bloque de treinta y seis círculos.

La ley de la simetría es la que nos hace completar un triángulo parcial u otra forma inconclusa. La ley de la simetría nos hace objetos de grupo de simetría. Así que vemos esto —[ ] { } [ ]— como tres juegos de soportes, no seis soportes separados.

La ley de la experiencia pasada puede anular las leyes en algunos casos. La experiencia del pasado nos hará ver "13" como el número trece, a menos que estemos buscando palabras en las que esperamos ver la letra "B": 13 13 C.

La ley del destino común nos hace agrupar objetos si se mueven juntos o en la misma dirección, mientras que la ley de la continuidad es lo que le hace ver las imágenes en la página siguiente como dos líneas que se cruzan en lugar de cuatro líneas que se encuentran.

La ley de la "buena Gestalt" dice que percibimos formas y líneas juntas si forman un objeto que es simple, regular y conciso.

Nuestra mente trata de imponer orden regular de las cosas que vemos. Así que este es visto como un cuadrado y un triángulo de

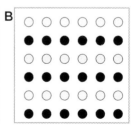

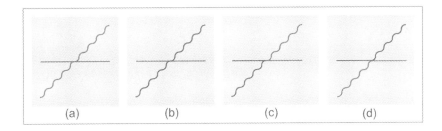

(a) (b) (c) (d)

solapamiento, no una forma irregular con ocho lados:

Palabra por palabra y lo esencial

Un modelo de percepción dice que codificamos lo que vemos en dos formas: palabra por palabra y lo esencial. Palabra por palabra se refiere a lo que la imagen muestra en realidad y lo esencial se refiere al significado que tomamos de ella. Esto nos permite jugar malas pasadas en nuestras mentes, como esta. Dé una respuesta inmediata: ¿De qué color es este texto?

El psicólogo estadunidense John Ridley Stroop llevó esto un paso más allá. Descubrió que si imprime los nombres de los colores en el color equivocado, le tomó más tiempo para leerlo porque el cerebro tuvo que superar su confusión inicial. Este retraso en los tiempos de reacción mentales ya ha sido explotado desde entonces en innumerables experimentos psicológicos. Es conocido como el "efecto Stroop".

NEGRO

Murciélagos salidos del infierno

A menudo hay más de un tipo de patrón que se puede imponer en algo ambiguo o incompleto que vemos. Los psicólogos y el personal de reclutamiento a menudo usan esto para ganar algún tipo de idea de las preocupaciones o el carácter de alguien. Ideado por Hermann Rorschach en 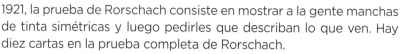 1921, la prueba de Rorschach consiste en mostrar a la gente manchas de tinta simétricas y luego pedirles que describan lo que ven. Hay diez cartas en la prueba completa de Rorschach.

Las respuestas se codifican e interpretan y se utilizan para diagnosticar posibles trastornos psiquiátricos o indicar los tipos de personalidad. La prueba fue muy popular en la década de 1960, sigue siéndolo en Japón, y está siendo ampliamente utilizada en Estados Unidos, pero es ampliamente desconfiada y apenas se utiliza en absoluto en el Reino Unido. Ha habido varias críticas a su validez.

Otra prueba comúnmente prevista para dar una idea de los patrones de pensamiento, preocupaciones y niveles de creatividad es presentar a alguien con una forma o línea y pedirle la incorpore a la mayor cantidad de dibujos diferentes como puedan. Puede hacerlo usted mismo. Dibuje tantas imágenes como pueda usando un círculo en dos minutos.

Capítulo 19

¿Las imágenes violentas

violentas

te hacen
enojar?

A menudo se dice que la violencia en las pantallas
conduce a una conducta violenta. ¿Cuál es la evidencia?

¿La visualización de la violencia y la agresión en la televisión, el internet y en los videojuegos realmente hacen que la gente sea más violenta? ¿O es solo que una gran proporción de hombres jóvenes juega videojuegos, por lo que una gran proporción de asesinos varones jóvenes también jugará videojuegos? La evidencia de que observar violencia lleva a la violencia parece convincente.

Juego terminado

Después de que Aaron Alexis disparó y mató a doce personas en un patio naval en Washington D.C., Estados Unidos, en el año 2013, los medios de comunicación populares culparon del crimen a su afición por jugar el videojuego *Call of Duty.* Anders Behring Breivik, que mató a setenta y siete personas en Noruega en 2011, dice que él practica su puntería jugando *Call Of Duty* y *Word of Warcraft*. Adam Lanza, responsable del tiroteo en la escuela primaria Sandy Hook, como Anders Breivik,

GTA EN LA VIDA REAL

"La vida es un juego de video. Todo el mundo tiene que morir en algún momento". Devin Moore, adolescente, Alabama: Arrestado por un delito menor de tráfico, le arrebató una pistola a un oficial de policía, disparó a tres oficiales y robó un coche de policía para escapar. Dijo que fue influenciado por jugar *Grand Theft Auto (GTA).*

"entrenó" jugando *Call of Duty*. Seung-Hui Cho, asesino de treinta y dos personas en la Universidad Virginia Tech en 2007, era un buen jugador del violento videojuego *Counterstrike*. Después de casi todos los tiroteos en masa, los medios de comunicación populares citan la corrupción por videojuego o la corrupción por violencia en películas como un factor contribuyente.

Ser malo con Bobo

En 1961, el psicólogo Albert Bandura se propuso descubrir si los niños copian modelos de conducta que demuestran la violencia. Él y sus colegas de la Universidad de Stanford reclutaron setenta y dos niños pequeños, algunos investigadores adultos para actuar como modelos, y algunos muñecos Bobo —grandes muñecos inflables, durables que puedan caerse, pero brotan rápidamente de nuevo a una posición vertical.

Los niños fueron divididos en grupos iguales de niños y niñas. Un grupo de cada sexo fue expuesto a un modelo adulto agresivo, uno a un modelo adulto no agresivo y hubo un grupo de control sin modelo adulto. Individualmente, los niños fueron llevados a una sala de juegos con juguetes en una esquina para que jugaran con ellos, y una esquina de "adultos" con un mazo y un tablero de clavija, y un muñeco Bobo reservado para su uso por los adultos.

Para los grupos "agresivos", un modelo adulto entró en la habitación, jugó con los juguetes para adultos durante un minuto, y luego atacó al muñeco Bobo, golpeándolo con el mazo, dándole puñetazos, lanzándolo alrededor y abusándolo verbalmente. Después de diez minutos, el adulto se fue. Para los grupos no agresivos, el adulto

MUÑECO BOBO

entró en la habitación y jugó con los juguetes para adultos durante diez minutos, haciendo caso omiso del muñeco Bobo, luego salió. Los grupos de control jugaron solos durante diez minutos.

Ser malo con los niños

Para todos los grupos, los niños fueron trasladados de forma individual a una sala de juegos diferente llena de juguetes interesantes. Se les permitió jugar durante dos minutos, entonces el experimentador decía que había decidido reservar estos juguetes para otros niños y ya no estaban autorizados a usarlos. En su lugar, podrían jugar en la sala experimental. Este poco de mezquindad pretendía generar sentimientos negativos haciendo que los niños estuvieran ansiosos y enojados. Los niños frustrados fueron devueltos a la sala experimental y se les permitió jugar solos durante veinte minutos, siendo secretamente observados por el experimentador.

Bandura encontró que los niños expuestos a un modelo agresivo fueron más propensos a atacar o abusar del muñeco Bobo verbalmente por sí mismos. Encontró una diferencia significativa entre los niveles de agresión en niños y niñas, con niñas más probables para emular un modelo de rol femenino y verse inafectadas por la agresión del modelo masculino. Los niños fueron tres veces más propensos que las niñas a atacar al muñeco Bobo después de pasar tiempo con un modelo de conducta agresiva.

Curiosamente, los niños y las niñas expuestos a un modelo de conducta no agresiva fueron menos propensos a mostrar agresión que

los niños del grupo de control. Parece que un modelo de conducta no agresiva tiene una influencia positiva.

¿Era justo?

Ha habido críticas al experimento. No está claro si el efecto de ver el modelo a seguir para adultos duraría más que los pocos minutos entre las etapas del experimento. Además, no había relación o comunicación entre los niños y el modelo adulto, que no es típico de los niños y los adultos que interactúan en el mundo real.

También ha habido una insinuación de que los niños no estaban representando la agresión en absoluto, sino por el deseo de agradar al emular al adulto. Por último, se ha señalado que los muñecos Bobo están diseñados para ser golpeados y rebotar para estar de pie nuevamente, por lo que jugar así con el muñeco es divertido.

¿MONSTRUOS DEBAJO DE LA CAMA?

Los niños en el estudio de 1961 eran demasiado jóvenes (menores de ocho años) para ser capaces de decir lo que es real de lo que no lo es. Los niños hasta la edad de doce años pueden creer sinceramente que hay monstruos debajo de la cama. Ellos podrían entonces ser incapaces de distinguir entre la violencia real y reproducir o simular la violencia. Por esta razón, el Comité de la Convención sobre los Derechos del Niño (por la ONU) recomienda que los niños menores de doce años no debieran ser considerados penalmente responsables de sus actos, incluso por asesinato.

El comportamiento del experimentador también podría haber alentado la agresión: Los niños fueron deliberadamente frustrados y burlados, lo que podría en sí mismo ser considerado como estar modelando la agresión.

Solo abandona

Bandura repitió su experimento en 1963, esta vez con la intención de descubrir cómo la recompensa y el castigo influyen en si los niños imitan el comportamiento agresivo. A grupos de niños de entre dos y medio y seis años de edad se les mostraron películas en las que un modelo atacaba agresivamente y le gritaba a un muñeco Bobo, y luego era, o bien recompensado con dulces o castigado con la advertencia "¡No lo hagas de nuevo!". Para el grupo control, la película se detuvo al final de la escena agresiva.

Después a los niños se les permitió jugar en una habitación con un muñeco Bobo. Una vez más, hubo más agresión entre los niños que en las niñas, pero la suerte posterior del modelo también importaba. Los niños que habían visto la película en la que la agresión fue premiada fueron más propensos a ser agresivos por sí mismos.

Para probar si los niños habían observado y recordado correctamente el

> *"Hemos pasado por algo así como 200 títulos alquilados por la familia de Venables. Hubo algunos que ni usted o yo querríamos ver, pero nada —ninguna escena, o trama, o diálogo— donde se pudiera poner el dedo en el botón de congelación y decir que eso influyó en un niño para salir y cometer un asesinato".*
>
> Detective de Merseyside que investiga el asesinato de James Bulger, de dos años, por dos niños mayores en 1993. Había habido varios intentos de vincular el asesinato con "video nasties" —películas violentas no clasificadas, divulgadas en video.

comportamiento del modelo, se les pidió que lo copiaran. Todos ellos fueron capaces de emular el comportamiento, mostrando que la recompensa o el castigo en la película no tuvieron ningún efecto en el aprendizaje o recuerdo de los niños.

La vida real, película y dibujos animados

Bandura también comparó los resultados con niños que habían visto a una persona real actuando agresivamente, niños que habían visto una película de alguien atacando al muñeco Bobo, y un gato de dibujos animados atacando al muñeco Bobo. En todos los casos, los niños que habían sido testigos de la agresión, ya sea real, filmada o en un dibujo animado, fueron más propensos a comportarse de manera agresiva.

Probado y comprobado

Variaciones sobre el experimento del muñeco Bobo han encontrado consistentemente los mismos resultados. Cuando un payaso vivo reemplazó al muñeco Bobo, el payaso sufrió a manos de los niños. Cuando los niños pequeños fueron sustituidos por hombres casados, y la película del ataque a Bobo sustituida por programas de televisión violentos o no violentos, los hombres que habían visto la violencia fueron reportados más tarde por sus esposas que tendían a ser más agresivos (1977). Hubo un resultado similar al comparar el comportamiento de las personas que vieron una película violenta o una película romántica (1992).

Las personas puestas a jugar videojuegos violentos o no violentos también diferían después en su nivel de agresión (2002). Los que jugaron a un videojuego violento eran más agresivos después, que aquellos que jugaron un juego no violento.

Evidentemente, no todas las personas que disfrutan de los juegos de video violentos van a seguir una conducta violenta a tiros.

Varias personas que han realizado masacres con armas eran jugadores entusiastas de video, pero entonces, todos eran hombres jóvenes, y muchos hombres jóvenes juegan videojuegos.

Los experimentos con muñecos Bobo sugieren que existe un vínculo entre ser testigo de la violencia y actuar agresivamente, pero esto no es una justificación para asumir en un caso particular que los juegos violentos conducen directamente a ser violento.

"La exposición a la violencia en los videojuegos puede influir en el desarrollo del razonamiento moral, porque la violencia no solo se presenta como aceptable, sino que también se justifica y se recompensa".

Mirjana Bajovic, Universidad Brock, Ontario, Canadá

CULPA DEL CEREBRO

En 2006, en la Escuela de Medicina de la Universidad de Indiana, se llevaron a cabo escaneos cerebrales en cuarenta y cuatro jóvenes inmediatamente después de haber jugado ya sea un videojuego violento o uno no violento. Los que habían jugado videojuegos violentos mostraron una actividad extra en las amígdalas (que, como ya hemos visto, son responsables de estimular las emociones), y una disminución de la actividad en el lóbulo prefrontal (que regula el autocontrol, la inhibición y la concentración). Los que jugaron juegos no violentos no mostraron tales cambios.

Numerosos estudios han encontrado que el ver algo violento o amenazante en la pantalla provoca una descarga de adrenalina, el producto químico que prepara al cuerpo para luchar o huir cuando se enfrentan con un peligro en la vida real. El cuerpo, por lo menos, no es capaz de distinguir la diferencia entre la violencia real y violencia de fantasía. Cuando no se necesita ninguna respuesta —rara vez escapamos de la pantalla— el cuerpo queda inundado de adrenalina, lo que podría hacer más probable una respuesta agresiva a algún otro desencadenante.

También hay vínculos entre pasar mucho tiempo jugando videojuegos y sufrir de depresión. No está claro si los juegos de azar hacen que las personas se depriman o las personas que son propensas a la depresión es más probable que jueguen a los videojuegos.

Pero también él estaba sufriendo problemas graves de salud mental como resultado de presenciar escenas terribles mientras participaba en las labores de rescate tras el ataque terrorista contra el *World Trade Center* en Nueva York (9/11). Él había buscado ayuda por problemas mentales graves tan solo un mes antes del tiroteo.

> *"Podría argumentarse igualmente que el consumo de pan pronostica tiroteos en las escuelas, porque la mayoría de los tiradores en las escuelas probablemente consumieron un producto de pan dentro de las 24 horas antes de sus ataques violentos".*
> Patrick Markey, Universidad Villanova

Jugar vs. la vida real

Los adolescentes (chicos, principalmente) que pasan muchas horas al día jugando videojuegos de cualquier tipo, a menudo se quedan atrás en el desarrollo de habilidades sociales, ya que no están interactuando con la gente en el mundo real mientras están jugando.

Es una situación de la gallina y el huevo: ¿Son los chicos asociales atraídos por los juegos, o los jugadores no logran desarrollar habilidades sociales, y así se convierten en asociales? Un estudio de la Universidad de Brock en Canadá encontró que los niños entre los

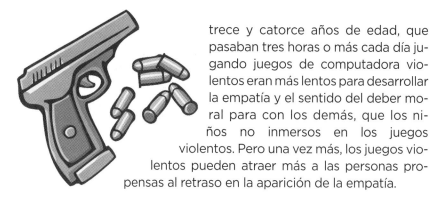

trece y catorce años de edad, que pasaban tres horas o más cada día jugando juegos de computadora violentos eran más lentos para desarrollar la empatía y el sentido del deber moral para con los demás, que los niños no inmersos en los juegos violentos. Pero una vez más, los juegos violentos pueden atraer más a las personas propensas al retraso en la aparición de la empatía.

Seguir adelante

Desde los estudios de Bandura en la década de 1960, la violencia en el cine y en la televisión se ha convertido en algo aún más gráfico, y videojuegos cada vez más violentos han surgido. Los videojuegos violentos son diferentes de las películas violentas y programas de televisión en un aspecto importante, el jugador está involucrado en la perpetración de la violencia simulada, y no solo la ve. ¿Son, como dicen algunas personas, una salida segura que permite la expresión de sentimientos violentos sin causar daño? ¿O es que conducen a una mayor tendencia a cometer actos de violencia en el mundo real?

Ha habido decenas de nuevos estudios sobre el impacto de ver violencia real, en video o en dibujos animados desde los experimentos de Bandura hace más de cincuenta años. Todavía no existe un consenso.

Capítulo 20

¿Para qué has venido aquí?

Nuestros recuerdos pueden jugarnos malas pasadas,
pero también nosotros podemos jugarles una broma.

Todos hemos tenido la experiencia de entrar en una habitación para algo y luego olvidar para lo que fuimos allí. O de ser presentado a seis personas en una reunión o una fiesta y no poder recordar sus nombres solo un minuto más tarde. La pérdida de la memoria a corto plazo empeora con la edad, pero nuestros recuerdos a corto plazo no son muy buenos para empezar. Es solo que la definición de nuestra memoria de corto plazo es aún más corta de lo que pensamos.

¿Te acuerdas cuando...?

Podemos recordar algunas cosas por una fracción de segundo y otras para toda la vida. Muchas cosas se olvidan por completo —al menos conscientemente. Algunos recuerdos "olvidados" se pueden restaurar con la hipnosis u otra ayuda. ¿Cómo funciona la memoria?

Nuestros ojos y oídos almacenan una instantánea de los datos de entrada por menos de un segundo. Es posible que esto se utilice para decidir qué pedazos necesitan ser trasladados a un almacenamiento a largo plazo y cuáles pueden ser ignorados. Después de todo, nuestros cerebros están sometidos a un constante bombardeo de información, la mayoría de la cual no se necesita.

Cualquier cosa que se vea útil se mueve a la memoria a corto plazo (MCP). Este es el tipo que debería permitirle recordar que fue a la cocina para coger una cuchara, o el nombre de la persona que acabas de conocer. La MCP dura típicamente entre 15 y 30 segundos, así que si su cocina está muy lejos de donde empezó, es por eso que se le olvidó la cuchara. La MCP puede almacenar alrededor de siete elementos. Si deliberadamente tratamos de recordar las cosas por un tiempo corto, a menudo lo hacemos mediante la repetición de palabras en nuestras cabezas. La MCP parece ser acústica, y puede ser por eso que son más difícil de recordar palabras o sonidos similares, como las palabras que riman (murciélago, gato, estera, rata, sombrero y grasa, por ejemplo) que recordar palabras que suenan disímiles (gato, perro, jamón, sapo, palo y barro).

La memoria a largo plazo (MLP) puede almacenar información para toda una vida. "Puede" almacenar no significa que siempre lo haga, como cualquiera que haya luchado para repasar un examen lo sabrá. La MLP parece tener una capacidad ilimitada, aunque no siempre lo parezca. Es semántica, que funciona con significado. Es más fácil para la MLP almacenar palabras que tienen soni-

En "El juego de Kim", tomado de un cuento de Rudyard Kipling, nos fijamos en una selección de artículos en una bandeja durante treinta segundos y luego miramos hacia otro lado y tratamos de nombrarlos a todos. La mayoría de las personas que participan pueden recordar entre cinco y nueve artículos.

dos similares a palabras que tienen un significado similar. A menudo tenemos que mantener las cosas en la memoria a largo plazo por solo unos pocos minutos u horas. Es posible que desee recordar una lista de compras hasta llegar al supermercado, pero usted no tendrá que recordarla el año que viene. Después que se ha utilizado, con seguridad puede olvidarlo.

¿Por qué no se le olvida cómo andar en bicicleta?

Hay varios tipos de memoria. Una, llamada memoria de procedimiento, es el tipo que es responsable de "saber cómo" hacer algo, como una habilidad física, y es muy resistente. La memoria de procedimiento almacena todo tipo de habilidades que, una vez aprendidas, rara vez se olvidan, incluyendo

SUGERENCIA DE MEMORIA: RECORDAR PEDAZOS

Si usted tiene que recordar un número de más de siete dígitos, es más fácil si usted lo aprende a "pedazos". Así que un número de teléfono se recuerda mejor en parejas o tríos (o "pedazos"):

07 32 98 56 44

y son más fáciles de recordar que las cifras individuales:

0 7 3 2 9 8 6 5 4 4

Y una lista de compras es más fácil de recordar como: Los frijoles y el pan; tomates y mantequilla; café y leche, especialmente si hay algún significado semántico en los grupos. (De tal manera que el café y la leche es más fácil de recordar que "el café y tomates" porque la gente a menudo pone leche en su café, pero rara vez tomates.)

andar en bicicleta. Incluso las personas que sufren amnesia anterógrada, la pérdida de la capacidad de almacenar recuerdos a largo plazo, por lo general recuerdan las habilidades que han adquirido, y pueden aprender nuevas habilidades de este tipo.

Otros tipos de memoria son la memoria de imágenes y la memoria declarativa. Lo que vemos y oímos forma recuerdos de imágenes que a menudo podemos recordar del mismo modo que los experimentamos primeramente. La memoria declarativa es el tipo al que más a menudo nos referimos cuando hablamos de la memoria. Incluye memoria semántica, que es responsable de recordar el significado y los hechos, y la memoria episódica, que se construye a partir de nuestra historia personal y está vinculada a los tiempos y lugares particulares.

¿Cómo recordamos?

Aunque la secuencia "memoria sensorial > memoria a corto plazo > memoria a largo plazo" es bastante segura, es muy claro que no todo lo que vemos, oímos o experimentamos se queda en la memoria a largo plazo. Gran parte de nuestro tiempo en la escuela se gasta tratando de aprender y recordar cosas; tomar la decisión correcta acerca de lo que hay que recordar es vital.

Una mejor manera de ver la MCP es considerándola una "memoria de trabajo". Si la comparamos con una computadora, la memoria sensorial suministraría la entrada desde el teclado y el ratón, la memoria de trabajo sería el RAM y la memoria a largo plazo sería el disco duro o almacenamiento en la nube, donde guardamos nuestro trabajo.

La memoria de trabajo tiene la tarea de procesar los datos entrantes y decidir si desea conservarlos o tirarlos a la basura. Algo llamado el "ejecutivo central" funciona como una especie de supervisor o gerente, haciendo malabares entre entrada y salida. Puede gestionar varias tareas a la vez, siempre y cuando no requieran el mismo tipo de habilidad o la atención. Así, una persona puede tejer y ver la televisión, pero no leer y hablar al mismo tiempo.

Los fragmentos que la memoria de trabajo ha señalado para el almacenamiento a largo plazo son los más recordados si se procesan profundamente. Esto significa que deben ser analizados y comprendidos, no solo repetidos. La repetición puede funcionar —es como aprendimos el alfabeto y no nos olvidamos de él— pero los procesos que dan sentido o enlazan nuevos conocimientos a los cono-

Stephen Wiltshire es autista. Tiene una habilidad asombrosa para recordar y dibujar el horizonte de toda la ciudad con precisión, después de haberlo visto una vez en un paseo en helicóptero.

cimientos existentes son los mejores para la formación de recuerdos a largo plazo.

¡Sorpresa!

Las cosas son más memorables si hay algo distintivo en ellas. Complejidad (mientras que no sea tan complejo que no lo entendamos) puede ayudar a recordar. Somos más propensos a recordar "En Xanadú por decreto de Kubla Khan, una gran cúpula se construía", que "Kubla Khan construyó un bonito palacio en Xanadu" (aunque el ritmo también ayuda). Cualquier cosa distintiva es más fácil de recordar. Este libro trata de la psicología, por lo que estamos esperando para leer hechos y teorías sobre la psicología. Esta parte no se trata de la psicología:

En 1916, el propietario de un circo en Tennessee ejecutó a una de sus elefantes, María, ahorcándola.

Tuvo que utilizar una grúa, y se hicieron dos intentos. Había sido declarada culpable del asesinato de un portero, que ella había pisoteado después de que él la había empujado.

Olviden lo que acaban de ver. Ahora regresaremos a la psicología.

Las cosas son más fáciles de recordar si tienen relevancia personal. Así que si alguien le dijera el significado de una palabra nueva, es posible que la recuerde. Si le preguntaran si una palabra se aplica a usted, y luego se le explicara su significado, sería más probable que lo recuerde. Por lo tanto, "corpulento" significa grasa. ¿Eres corpulento?

Es posible que se sienta ofendido por la pregunta, pero al menos la recordará. Incluso la fabricación de un enlace podría funcionar. *Anagnorisis* es el momento en un juego cuando un personaje descubre algo que lo cambia todo. Un ejemplo de *anagnorisis* es cuando Edipo descubre que ha matado a su padre y se casó con su madre. ¿Ha matado a su padre o se casó con su madre?

Estructurando recuerdos

Si usted fuera a lanzar todas sus pertenencias —libros, ropa, ollas, herramientas de bricolaje, sábanas, todo— en una caja enorme, la vida sería muy difícil. Usted tendría que ordenar a través de todos los martillos, cargadores de teléfonos y cebollas cada vez que quisiera un calcetín. En lugar de ello, organizamos nuestras posesiones.

Nuestras memorias son iguales. Si la memoria solo realizara una gran sopa de matrículas de vehículos, vacaciones en familia, fórmulas químicas y estadísticas sobre la Primera Guerra Mundial, sería difícil recordar todo lo que quisiéramos. En vez de eso, el cerebro utiliza esquemas para estructurar lo que sabemos y recordamos. La aplicación de esquemas a la manera en que pensamos fue propuesta por el psicólogo británico Frederic Bartlett en 1932 y ha sido ampliamente adoptada y adaptada.

Usted podría pensar en una bandeja con cuchillería como un esquema para los cubiertos. La nueva información es más fácil de tratar si se puede encajar en un esquema existente. Cuando usted consigue una nueva cuchara, ya sabe dónde ponerla. Si quiere un tenedor, usted sabe dónde buscar. La información que no encaja en un esquema podría verse distorsionada, o se olvida fácilmente, o es mal recordada. Si es lo suficientemente importante, podría ser que revisemos el esquema, pero somos generalmente resistentes a eso. Si alguien le dio una bola de helado y no había espacio en su bandeja de cubiertos para bolas de helado, es posible que la clasificara como una cuchara, o la mantuviera en un lugar diferente, o decidir que no es necesario una y deshacerse de ella.

No era lo que pensabas

La gran disposición de la mente para utilizar esquemas conduce a nuestra información distorsionada de recuerdos. Podría ser distorsionada para ajustarse a un esquema cuando nos encontramos con ella por primera vez, y aún más distorsionada para ajustarse mejor a medida que se desarrollan nuestros esquemas y cambian con el tiempo. Una forma en que esto se manifiesta es a través de los prejuicios. Supongamos que usted vio a dos personas que peleaban en la calle, un hombre joven en una sudadera con capucha y una anciana. La anciana estaba sosteniendo un cuchillo. Usted podría informar más tarde que era el joven de la sudadera con capucha quien sostenía el cuchillo, ya que consideraría ese como el escenario más probable. Bartlett investigó el impacto de los esquemas sobre la fiabilidad de la memoria al contar a un grupo de estudiantes un cuento popular de la nativa americana, *La guerra de los fantasmas* (véase el panel en la página siguiente), y luego haciéndoles recordar y volver a contar el cuento varias veces más durante un año. Todos ellos pensaron que lo estaban volviendo a contar con precisión, pero hicieron cambios como:

- omitir información irrelevante para ellos.
- cambiar los detalles, el orden y énfasis para que coincida con lo que parecía importante para ellos.
- racionalizar y explicar detalles que no parecían tener sentido.
- cambiar el contenido y el estilo para que fuera más acorde con la propia formación cultural de los estudiantes.

Los esquemas también afectan nuestros recuerdos de situaciones y lugares. En 1981, Brewer y Treyens pidieron a treinta personas que esperaran, por separado, durante treinta y cinco segundos en una habitación que se les dijo era la oficina de un académico. Más tarde se les pidió recordar lo que había en la oficina. La mayoría recordó correctamente las cosas que esperaban encontrar en una oficina, como un escritorio, pero se olvidaron de objetos inesperados (como alicates). Recordaron falsamente algunos objetos que esperaban encontrar en una oficina que no estaban allí, tales como libros y bolígrafos. Elementos bizarros inesperados —incluyendo un cráneo— fueron bien recordados.

No lo olvides

Podríamos olvidar cosas de la memoria a largo plazo si hay interferencia de otra información similar encontrada antes o después. Esta confusión aumenta con el volumen de la información más que con el

LA GUERRA DE LOS FANTASMAS

Una noche, dos jóvenes de Egulac bajaron al río para cazar focas. Entonces oyeron gritos de guerra, y pensaron: "Tal vez esta es una fiesta de la guerra". Escaparon a la orilla, y se escondieron detrás de un tronco. Oyeron el ruido de los remos y vieron una canoa que venía hacia ellos. Había cinco hombres en la canoa, y dijeron: "Queremos llevarlos con nosotros. Vamos río arriba para hacer la guerra al pueblo". Uno de los jóvenes dijo: "No tengo flechas". "Las flechas están en la canoa", dijeron. "Yo no voy a acompañarlos. Podría ser asesinado. Mis parientes no saben donde he ido. Pero tú —dijo, volviéndose hacia el otro—, puedes ir con ellos". Así que uno de los jóvenes se fue, pero el otro regresó a su casa. Y los guerreros siguieron río arriba a un pueblo al otro lado de Kalama. Las personas llegaron hasta el agua y comenzaron a luchar, y muchos murieron. Pero actualmente el joven oyó a uno de los guerreros decir: "¡Pronto, vamos a la casa: Ese indio ha sido herido". Ahora que pensaba: "Oh, son fantasmas". No se sentía enfermo, pero dijo que no había recibido un disparo. Así que las canoas regresaron y el joven fue a su casa. Y él les contó a todos: "He aquí que yo acompañé a los fantasmas, y nos fuimos a pelear. Dijeron que me habían herido, y no me sentí enfermo". Lo contó todo y luego se quedó en silencio. Cuando salió el sol se cayó. Algo negro salió de su boca. Su rostro se contorsionó. Las personas saltaron y gritaron. Estaba muerto.

paso del tiempo, al menos durante periodos relativamente cortos. No está claro si la información es realmente desplazada de la memoria
a largo plazo, o se desvanece, o si simplemente no se puede acceder a ella. Es más
rápido volver a aprender algo que hemos ol-
vidado que aprender algo completamente nuevo, así que quizá la información aún se guarda
pero simplemente no puede llegar a ella sin re-
novar algún vínculo con ella.

Somos más propensos a recordar las cosas en
más o menos el mismo contexto en que las encontramos o aprendimos por primera vez. Así que los buzos que memo-
rizan una lista de palabras bajo el agua son más propensos a recordar
bajo el agua que en tierra. Cuando las personas se capacitan en técnicas de emergencia, son más propensas a recordarlas en una emergencia real si primero las practican en una emergencia simulada.

*Videos de delitos re-creados a
menudo provocan recuerdos en
los testigos que luego son capaces de presentar nueva información. La recreación del contexto
ayuda al recuerdo de los acontecimientos.*

Podría esforzarse más

Si realmente quiere recordar algo —cuando se repasa para un examen, por ejemplo— tendrá un mejor recuerdo si:

- Repite el material; ir sobre él tres veces (por lo menos) le ayudará a fijarlo en la memoria a largo plazo.
- Lo desarrolla, explicándolo de forma que tenga sentido para usted.
- Lo adecua a un contexto o un esquema, para que se convierta en parte de su base de conocimientos.
- Memoriza las pistas que le ayudarán a recordarlo, como componer palabras mnemotécnicas o ajustar las palabras a una melodía.

CUANDO OLVIDAR ES BUENO PARA USTED

Sigmund Freud creía que una fuente de ansiedad y angustia para muchas personas son los recuerdos desagradables suprimidos de la infancia. Él pensaba que la mente olvida o reprime un trauma como un mecanismo de protección de forma deliberada. Sin embargo, tal olvido tiene un costo. Para aliviar la ansiedad o la depresión que causa, los pacientes necesitan la ayuda de un psicoterapeuta para descubrir y hacer frente a los recuerdos reprimidos. Ha habido cierto desacuerdo sobre si recordar el trauma pasado es útil o perjudicial. Además, algunos recuerdos "descubiertos" podrían ser fabricaciones, sugeridas por el proceso de análisis o construidos a partir de los esquemas del paciente.

Capítulo 21

¿Te importaría contestar unas preguntas?

Las técnicas que la gente usa para atraer nuestra atención son fáciles de detectar cuando sabes qué buscar.

Un montón de gente está fuera para persuadirle a hacer las cosas que usted realmente no quiere hacer. Tienen que desarrollar más y más técnicas astutas, ya que compiten por su atención y conformidad. Entonces, ¿cómo funciona la persuasión?, ¿puede ser peligrosa?

¿Ha tenido un accidente?

La mayoría de las personas se ven afectadas por llamadas molestas. La persona que llama —que trabaja en un centro de llamadas en alguna parte— no lo conoce, sabe poco sobre usted, pero tiene que tratar de llamar su atención antes de que cuelgue el teléfono. Si cuelga inmediatamente, es que han perdido. Pero si pueden hacerle hablar un poco, tienen una oportunidad.

Podrían empezar por ser especialmente amables, preguntando si usted está teniendo un buen día. Si responde a la pregunta, usted está haciendo una inversión en la llamada y comenzando a formar un vínculo con ellos. Es más difícil colgar el teléfono a alguien a quien acaba de responder.

Pueden empezar con una historia inventada, "He oído que alguien en su casa ha tenido un pequeño accidente..." No se preocupe de que su información personal se haya filtrado, o asuma que tienen información del todo. Dicen eso a todo el mundo, y algunas de las personas habrán tenido un accidente. El hecho de que ellos "sepan" algo de usted ya le hace sentirse involucrado, una vez más, es menos probable que cuelgue el teléfono. Y si usted no ha tenido un accidente, mientras más rápido cuelgue el teléfono será mejor, ya que está tomando el tiempo que podrían estar utilizando para vender su solución del accidente a alguien más.

Podrían decir que están llevando a cabo una encuesta y le pedirán su ayuda durante unos minutos. A muchas personas les gusta ser útiles. Mucha gente tiene gusto por contestar preguntas sobre sí mis-

UN PIE EN LA PUERTA

Una técnica milenaria de los vendedores es "pie en la puerta". Es lo mismo, en principio, como el enfoque de "¿Me ayuda con una encuesta?". Recibe su nombre de los vendedores de puerta en puerta que eran comunes en las décadas de 1950 y 1960, vendiendo de todo, desde enciclopedias hasta aspiradoras. Ellos, se dice, pondrían su pie en el camino de la puerta cuando el desinteresado cabeza de familia trate de golpearlos en la cara. Ese pie les dio la oportunidad de comenzar su perorata y una vez que han empezado, tienen la oportunidad de una venta.

Cada vez que se detenga a hablar con un investigador o un colector de la caridad en la calle, permanezca en el teléfono con una fría persona que llama o esté de acuerdo en tomar un folleto, usted está dejando que alguien ponga un pie en la puerta.

mos (es por eso que completamos pruebas tontas en revistas y en sitios web). Tan pronto como usted se compromete a responder a algunas preguntas, usted está enganchado. Ahora ya ha invertido en la transacción y no querrá dar por perdido el tiempo que ha puesto en ella.

¿No es usted amable?

A pesar de lo poco interesado que esté en cualquier producto que traten de venderle más adelante, usted les ha mostrado a ellos y —más importante— a usted mismo que es una persona útil. Nos gusta pensar que somos útiles. Se siente bien consigo mismo; ha ayudado a esta persona hacer su trabajo con solo responder algunas preguntas. Ahora se siente bien y conectado con la persona que produjo la buena sensación al pedirle un favor, no querrá echar a perder esa buena sensación por el abandono de la interacción. Ahora querrá, incluso aunque sea muy ligeramente, mantenerlo en marcha.

Pida un poco, obtenga una gran cantidad

Una gran cantidad de persuasión saca provecho sobre cómo nos gusta pensar de nosotros mismos. En 1976, Robert Cialdini y David Schroeder llevaron a cabo un estudio sobre las donaciones caritativas. Los estudiantes que trabajan como recolectores de caridad fueron de puerta en puerta pidiendo donaciones para la Sociedad Americana del Cáncer. Algunos solo pidieron la donación, pero algunos añadieron que "incluso un centavo ayuda". Ellos encontraron que los que añadieron la línea sobre el centavo recogieron más dinero. La gente respondió pensando "no puedo dar solo un centavo", por lo que dieron más. El ser tan mezquino como para dar solo un centavo no encajaba con su autopercepción de ser amables y generosos. Al incentivar a la gente a pensar "no puedo dar solo un centavo", están sembrando la idea de que van a dar algo, entonces, solo se convierte en una cuestión de cuánto.

Captar su interés

Otra técnica consiste en despertar el interés de la gente. En 1994, Santos, Leve y Pratkanis dieron a una investigadora la tarea de pararse en la esquina de una calle pidiendo cambio a los

transeúntes. Cuando solo pidió cambio, el 44% de la gente dio dinero. Cuando pidió una moneda de 25 centavos, el 64% de las personas cumplieron, pero esto aumentó a 75% cuando se les pidió una cantidad impar como diecisiete o treinta y siete centavos. Debido a que era más inusual, la solicitud no suscitó una respuesta automática —la gente se detuvo a pensar, y luego, habiéndose interesado, dieron el dinero.

¡No mucho!

Lo opuesto a la técnica de sugerir que incluso una donación pequeña es aceptable, es pedir un gran favor y luego, cuando la persona se niega, pedir un favor pequeño. El truco es hacer lo que *realmente* quiere, que es el favor más pequeño.

Imagínese que un día usted desea que una amiga pase a recoger a su hijo a la escuela. Si comienza por pedirle si ella se quedaría con el niño por todo el fin de semana mientras usted se va, es muy probable que le diga que no. Pero si a continuación, le pide si ella solo pasa a recogerlo a la escuela y lo lleva a casa, ella probablemente va a decir que sí. Si vemos a alguien haciendo una concesión, es probable hacer una concesión a cambio. Es fácil de manipular esto para conseguir lo que quieres.

Si tienes prisa, puedes hacer las dos cosas a la vez. Es bien sabido que si expresas una solicitud de tal manera que la gente tenga una salida fácil, la tomarán. Así que si usted dice: "Supongo que no tienes tiempo para llevarme a la ciudad?", la respuesta por defecto es "No". Si engancha lo que usted desea a una solicitud de algo que no espera, tiene una buena oportunidad de conseguir el menor favor y podría, si le pega a la suerte, conseguir el gran favor. La frase: "No creo que le gustaría llevarme a Birmingham, pero ¿podría llevarme a la estación para que pueda tomar el tren?", puede conseguir su viaje a la ciudad.

Técnica de la bola baja

Como un argumento de venta, se podría pensar que lo contrario de la reducción de la demanda —el aumento de la demanda— sería un desastre. Pero, sorprendentemente, funciona. Se asocia típicamente con la venta de automóviles. Usted muestra interés en un coche, le dicen el precio y usted decide comprarlo. Entonces todos los extras entran silenciosamente y el precio sube y sube. A pesar de eso compra el coche. Las aerolíneas de bajo costo también lo hacen. Usted ha hecho clic en las entradas que desea, y de repente todo tipo de complementos y accesorios opcionales comienzan a aparecer, empujando el precio hacia arriba. En ambos casos, si sentimos que hemos hecho un compromiso, seguimos adelante.

La fruta prohibida y la reactancia

A veces no queremos persuadir a la gente a hacer o querer algo, queremos convencerlos de que *no* hagan o quieran algo. Puede ser muy difícil de lograr, ya que en cuanto algo se ve prohibido o peligroso, lo queremos. No nos gustan las restricciones a nuestras acciones y cualquier cosa que se parezca a una restricción puede producir una respuesta de "reactancia" —una reacción en contra de la petición o consejo.

Brad Bushman y Angela Stack investigaron el impacto de las etiquetas de advertencia y de información sobre cómo las personas responden a los programas de televisión violentos y comida rica en grasas. Hay dos posibles respuestas, contradictorias a las etiquetas de advertencia. La teoría de la "fruta contaminada" sugiere que vamos a evitar la comida alta en grasas que se marca explícitamente

como malo para nosotros, mientras que la teoría del "fruto prohibido" sugiere que queremos lo que pensamos que deberíamos o no podemos tener. Los investigadores estudiaron los diferentes efectos de no etiquetado, etiquetas de información (que solamente daban hechos) y las etiquetas de advertencia (que daban los hechos y señalaban los riesgos). Encontraron que para los individuos de alta reactancia, las etiquetas de advertencia eran atractivas. Eran más propensos a querer ver un programa violento o comer una comida alta en grasa con etiquetado con advertencia que una que solo daba información. Una etiqueta de información confía en que usted utilice su juicio, pero una etiqueta de advertencia dice lo que debe hacer, y no nos gusta eso.

Capítulo 22

¿El poder corrompe?

Es fácil suponer que serías un líder benigno si nunca
te dan la oportunidad de demostrar lo contrario.

Lo vemos una y otra vez. Alguien parece honorable cuando entran en la función pública, pero en un corto espacio de tiempo está actuando como un tirano corrupto. (Sí, estamos mirándote a ti, Robert Mugabe.) Al parecer, soldados decentes marchan a la guerra, y a las pocas semanas están echando napalm sobre aldeanos inocentes, violando a las niñas, manejando las cámaras de gas o torturando a prisioneros iraquíes. ¿Son ellos las pocas manzanas podridas que echan a perder el barril, como dijo el Secretario de Defensa, Donald Rumsfeld (¿de Abu Ghraib?)? ¿O es el barril el que estropea las manzanas?

Reclutamiento de prisioneros

Cuando Phil Zimbardo estableció un experimento en la Universidad de Stanford sobre el comportamiento de las personas puestas en los papeles de guardias de la prisión o presos, él tenía la intención de que durara dos semanas. Quería averiguar cómo las posiciones de autoridad o sumisión afectan el comportamiento. Como él lo expresó, si se pone gente buena en una mala situación, ¿qué hacen? Al final, se redujo el experimento a solamente seis días ya que los efectos sobre los sujetos eran intolerables.

El experimento de Zimbardo se llevó a cabo en 1971, diez años después de los resultados escalofriantes de Stanley Milgram sobre la obediencia (véase la página 136). Zimbardo puso un anuncio en la prensa para solicitar voluntarios que participaran en un experimento de psicología sobre los efectos de la vida en prisión. De los setenta voluntarios, eligió veinticuatro que eran considerados bastante sanos y normales y no en riesgo de sufrir daño psicológico, y los asignó al azar para el papel de guardia o preso. Todos eran estudiantes varones de Estados Unidos o Canadá.

Jugar el juego - los prisioneros

El experimento comenzó con situaciones hipotéticas realistas de arrestos. La policía (que estaba cooperando con los experimentadores) llegó a los hogares de los "prisioneros" temprano una mañana de domingo, les registraron y esposaron, les metieron en coches patrulla y se los llevaron, a menudo bajo la mirada de los vecinos que asumieron que toda la cosa era real. Fue un comienzo de alto estrés, emulan-

La policía y los guardias usan gafas de sol para que los sospechosos no puedan verlos correctamente o hacer contacto visual. Aumenta la sensación de aislamiento y evita que los sospechosos formen algún tipo de vínculo con ellos.

do la experiencia de muchos sospechosos reales tan estrechamente como fue posible.

Los "prisioneros" fueron llevados a una comisaría de policía real, fichados por policías reales con gafas de sol, y luego les tomaron sus huellas digitales, fueron fotografiados con los ojos vendados y los dejaron en una celda.

La "prisión" era un corredor adaptado en el departamento de psicología en el campus de la Universidad de Stanford. Puertas de laboratorio ordinarias fueron reemplazadas por puertas con barras de acero, y el "patio de ejercicios" fue el corredor cerrado. No había ventanas ni luz natural, y tampoco relojes. Los prisioneros fueron escoltados desde y hacia el inodoro cuando era necesario. Un armario, apodado "el hoyo", lo suficientemente grande para un prisionero en posición vertical, estaba disponible para el confinamiento solitario. Era de 60 cm cuadrados. Conforme llegaba cada prisionero, se le decía la gravedad de su crimen, se le desnudaba, revisaba y se le rociaba con aceite para despiojar. Suena bárbaro, pero fue copiado de los procedimientos en una cárcel de Texas.

Cada prisionero estaba vestido con una bata, con su número de prisionero en el frente y la espalda. Se le permitió andar sin ropa interior. Esa parte no fue copiada de la práctica en cárcel común, pero se calculó para producir un nivel similar de humillación y la deshumanización como prisiones rutinarias. Llevaba una cadena alrededor de un tobillo en todo momento. Una vez más, la mayoría de los prisioneros estadunidenses no estaban encadenados en ese momento. En lugar de tener la cabeza rapada (como lo hacían los presos), cada hombre tenía que llevar una gorra hecha de un calcetín de corte hacia abajo. Los prisioneros eran llamados así, y tenían que referirse unos a otros por su número y no por su nombre. Los presos dormían tres en una celda en cuartos estériles con espacio suficiente para sus tres camas.

Jugar el juego - guardias

Los guardias no recibieron ningún entrenamiento especial, pero se les dijo que usaran cualquier método que parecie-

ra razonable y necesario para mantener el orden en la prisión. Se les advirtió de la gravedad de su situación y los peligros involucrados. Los guardias llevaban uniformes de color caqui idénticos y gafas de sol de espejo. Tenían un silbato en el cuello, y porras prestadas por la policía. Nueve guardias trabajaron en turnos, tres en turno a la vez, cuidando de nueve presos divididos en tres células. Los guardias y prisioneros adicionales estaban en espera en caso de necesidad.

Jugar el juego - la vida en prisión

A las 2:30 horas en la primera noche, los prisioneros fueron despertados por un silbato y tuvieron que salir de sus celdas para un "conteo". Los conteos sucedieron con regularidad a partir de entonces, día y noche, como una manera de conseguir que los guardias hicieran

valer la autoridad sobre los presos. A los guardias se les permitía castigar a los presos si desobedecían órdenes o reglas. Un castigo común era forzar a los presos a hacer flexiones. Zimbardo señaló que en los campos de concentración nazis también habían ordenado hacer esto a los presos. Uno de los guardias de Zimbardo pisó la espalda del prisionero mientras hacía flexiones, o hicieron que otros presos se sentaran o pisaran sobre las espaldas de sus compañeros.

Rebelión

El primer día, los prisioneros eran sumisos. El segundo día, se rebelaron. Arrancaron sus gorras y los números de sus vestidos, se atrincheraron en sus habitaciones y se burlaron de los guardias. Los guardias llamaron a refuerzos y encendieron los extintores contra los prisioneros para conducirlos lejos de las puertas. (Los extintores estaban destinados a la lucha contra incendios y no suministrados para su utilización como armas.)

Los guardias abrieron la puerta de la celda, desnudaron a los prisioneros y pusieron al cabecilla en régimen de aislamiento. Hostigaron a los otros prisioneros.

Privilegio vs castigo

El equipo se dio cuenta de que no podían seguir usando nueve guardias para controlar nueve presos, ya que había tenido que hacerlo para sofocar la rebelión. Así que los guardias se reunieron y optaron por los métodos de control psicológico, más que el control físico. Los tres prisioneros menos involucrados en la rebelión fueron trasladados a una "celda de privilegio", devueltas sus ropas, y se les dio comida especial frente a otros presos que no se les permitía comer en absoluto. Un poco más tarde, algunos de los presos "buenos" y "malos" fueron intercambiados, sin explicación. El objetivo era romper la solidaridad entre los prisioneros; divide y vencerás, en otras palabras. Funcionó. Los prisioneros se volvieron desconfiados el uno con el otro, ante la sospecha de que algunos de los presos "malos" intercambiados habían actuado como informantes. Técnicas similares, a menudo haciendo uso de la tensión racial, fueron empleadas en las cárceles estadunidenses reales en su momento, de acuerdo con los consultores exconvictos que trabajaban para asesorar a los experimentos.

Además de romper la solidaridad entre los presos, la respuesta a la rebelión formó solidaridad entre los guardias, que ahora veían a los prisioneros como una amenaza a sí mismos como grupo. Empezaron a controlar a los presos con mayor rigor, reteniendo las visitas al baño, luego no permitiendo que los presos vaciaran las cubetas de decantación que se vieron obligados a utilizar y controlar el acceso a los cigarrillos, que afligieron a los fumadores compulsivos.

Derribar

Solo treinta y seis horas después del comienzo del experimento, un preso comenzó a venirse abajo. Actuó irracionalmente, lloró incontrolablemente y se puso furioso. El consultor de la cárcel criticó al preso por ser débil y explicó el tipo de abuso que podría esperar si se tratara de un auténtico prisionero.

Se le ofreció la posibilidad de clemencia a cambio de convertirse en un informante. Tomó un poco de tiempo y mucho más comportamiento irracional, antes de que los experimentadores se dieran cuenta de que el hombre estaba en verdadero peligro y se le retiró del

TODOS JUNTOS AHORA...

Cuando a los padres se les permitió visitar a sus hijos, de inmediato cayeron en el papel de los adultos obedientes de la clase media, mediante la presentación de quejas formales sobre el tratamiento hacia sus hijos, pero actuando con deferencia hacia las figuras de autoridad. Sabían que era un experimento, y aunque no habían acordado personalmente formar parte de él, jugaron el papel que la situación les asignó.

experimento. Los experimentadores luego fueron sorprendidos al ver que su propio pensamiento se había puesto en sintonía con la situación carcelaria —que habían asumido que estaba tratando de estafarlos y no habían reconocido la genuina angustia.

No eran solo los presos que comenzaron a quebrarse, o incluso solo los sujetos experimentales. Los experimentadores también estaban perdiendo de vista lo que realmente eran y cayeron en el papel de directores de prisión demasiado a fondo. Cuando comenzaron los rumores de una fuga en masa, los experimentadores debieron haber mirado con interés, identificando los patrones de comportamiento. En su lugar, consultaron con expertos en seguridad de la prisión y elaboraron un plan para frustrarlo. Cuando Zimbardo pidió a la policía local si podía trasladar a sus prisioneros a celdas reales para la noche de la fuga planeada, se negaron. Él reaccionó con enojo ante su falta de cooperación.

Encadenó juntos a los presos, les puso bolsas sobre sus cabezas y los trasladó a otra zona, luego se sentó en la misma cárcel vacía, a la espera de enfrentar a las personas que iban a liberar a sus "prisioneros". Un compañero psicólogo pasó y lo vio. Preguntó por el experimento y luego le preguntó cuál era la variable independiente. Zimbardo se enojó —tenía cosas más importantes que tratar. Fue mucho más tarde cuando se dio cuenta que el experimento también le había atrapado.

Al final resultó que la fuga había sido solamente un rumor. Frustrados por su pérdida de tiempo y su humillación, los guardias acosaron y castigaron a los prisioneros en venganza (¡venganza por no tratar de escapar!). Los hicieron limpiar inodoros con sus propias manos,

> *"Me puse muy enfadado con él. Aquí tenía una fuga de la prisión en mis manos. La seguridad de mis hombres y la estabilidad de mi prisión estaban en juego, ¡y ahora tenía que hacer frente a esta sensiblera, liberal, académica trifulca decadente que estaba preocupada acerca de la variable independiente! No fue hasta mucho más tarde que me di cuenta de hasta qué punto estaba en mi papel dentro de la cárcel en ese momento —que estaba pensando como un director de la cárcel en lugar de un psicólogo de investigación".*
> Phil Zimbardo, psicólogo experimental

realizar actos humillantes, incluyendo la sodomía simulada y hacer ejercicio vigoroso.

El juego acabó

Zimbardo realizó audiencias de libertad condicional para los reclusos que pensaban que deberían ser elegibles para la libertad condicional. Dos cosas notables sucedieron. El consultor ex convicto que actuaba como jefe de la junta de libertad condicional actuó —para su propio horror— al igual que el hombre que había negado su solicitud de libertad condicional durante dieciséis años. Y los presos, cuando se le preguntó si iban a entregar el dinero que habían ganado hasta el momento en el experimento a cambio de su libertad condicional, en su mayoría dijeron que lo harían, pero luego volvían obedientemente a sus celdas mientras se consideraban sus apelaciones a la libertad condicional. Cualquiera de ellos podría haber optado por salir del experimento inmediatamente (perder su cargo), pero ellos actuaron como verdaderos prisioneros. Simplemente no se les ocurrió renunciar al experimento.

El experimento llegó a su fin cuando una psicóloga visitó el experimento y —la única de cincuenta visitantes externos— expresó horror ante la forma en que los jóvenes estaban siendo tratados. Zimbardo se dio cuenta de que tenía razón, y se detuvo el experimento. Se habían cumplido solo seis de sus programados catorce días. Más tarde, Zimbardo dijo que debería haberlo dejado antes, después de la segunda ruptura, pero incluso los experimentadores habían elaborado y asumido sus papeles como funcionarios de la prisión. Cosas de miedo.

¿Manzanas podridas o malos barriles?

Zimbardo observó que había tres tipos de guardia al final del periodo:

- Personal duro pero justo trataba a los prisioneros de acuerdo con las normas.
- Los guardias "buenos" hacían pequeños favores a los presos y nunca los castigaban.
- Los guardias "malos" eran vengativos, sádicos, e inventivos en las formas de la humillación y el castigo que llevaron a cabo. Parecían saborear el poder que tenían sobre los prisioneros y lo ejercían en cada oportunidad. Las cámaras ocultas revelaron que abusaban de los prisioneros por la noche, sin ninguna razón en particular, cuando pensaban que no eran observados.

Zimbardo no encontró nada en los perfiles de los "muchachos buenos" o los "muchachos malos" que pudiera haberle llevado a predecir cuál de ellos serían. Los presos también cayeron en grupos. Algunos eran muy sumisos, manteniéndose alejados de los problemas al obedecer al instante. Algunos dieron la batalla. Había más pistas de los perfiles esta vez de cómo las personas se comportarían. Los que estaban acostumbrados a una vida más disciplinada eran capaces de resistir más las presiones de ser un prisionero y se mantuvieron durante más tiempo que los demás. Uno desarrolló una erupción psicosomática sobre su cuerpo cuando su petición de libertad condicional fue rechazada. Cuatro se quebraron. La dinámica de grupo entre los presos se derrumbó por completo.

Un presagio de Abu Ghraib

Zimbardo ha tomado nota de las similitudes entre su experimento y el abuso de prisioneros en la prisión militar estadunidense de Abu Ghraib en Irak. De hecho, algunas de las similitudes son bastante sorprendentes: desnudar a los prisioneros, mantenerlos de pie con bolsas sobre sus cabezas, y hacerles actos sexuales humillantes falsos eran tácticas utilizadas tanto en Stanford como en Abu Ghraib. El abuso en Abu Ghraib fue atribuido a "unas cuantas manzanas podridas", pero Zimbardo ha argumentado que no es el caso de que las manzanas podridas estropean el barril, sino que tal vez los malos barriles estropean las manzanas. Las situaciones en que ponemos a las personas pueden ya sea obligarlas a —o permitirles— hacer cosas malas.

Años después del experimento, Zimbardo habló como testigo experto en el juicio de los guardias de Abu Ghraib. Por supuesto, los guardias de Abu Ghraib realmente estaban bajo estrés, estaban en una situación de conflicto, manejando a personas que creían que querían matarlos. Pero los "guardias" en Stanford no tenían tal excusa. Cuando se suspendió el experimento, los prisioneros estaban —como era de esperar— complacidos. Muchos de los guardias, sin embargo, se decepcionaron. Incluso entre los guardias "buenos", ninguno se había opuesto a la forma en que los prisioneros estaban siendo tratados. Nadie, salvo la solitaria psicóloga de visita, había sonado una nota discordante en nombre de los presos (Zimbardo se casó con ella).

> *"No lo considero como un experimento o una simulación, ya que fue una prisión dirigida por psicólogos en lugar de una dirigida por el Estado. Empecé a sentir que esa identidad, la persona que yo era, la que había decidido ir a la cárcel estaba distante de mí —fue hasta que finalmente ya no era eso, era el 416. Yo era realmente mi número".*
>
> "Preso Número 416", un voluntario en el experimento de la prisión de Stanford

¿El poder del mal?

El experimento no se permitiría ahora. No pasaría un comité de ética. Hubo peligro de serios daños psicológicos a los dos prisioneros y guardias —y, como se vio después—, a los experimentadores, que llegaron a estar tan atrapados en su propio experimento que incluso perdieron de vista su ficción.

Podría parecer que esto es similar al experimento de Milgram (ver página 136), pero existen diferencias significativas y escalofriantes. El experimento de Milgram probó si la gente obedecería a otros y causaría daño, si podemos ser reclutados en la crueldad cuando hay una figura de autoridad, que tendrá la responsabilidad de los resultados. Ya es bastante malo que la gente está dispuesta a ofrecer descargas eléctricas casi fatales a otros inocentes solo porque se les dice. Pero el experimento de la prisión de Stanford era aún más preocupante. Zimbardo ha utilizado la palabra "malvada" para describir lo que la gente haría el uno al otro. El título de su libro sobre el experimento es inflexible: *El Efecto Lucifer: Entendiendo cómo la gente buena se torna en malvada*. El experimento reveló un aspecto oscuro de la naturaleza humana —la voluntad de dañar a otros sin ninguna razón en absoluto, ni siquiera para pensar en maneras adicionales para dominar y hacerles daño, simplemente porque una posición de poder se los permitía.

Experimento de prisión Stanford

Agosto 15-21, 1971

Nadie sabe que eres tú

Una de las conclusiones de Zimbardo fue que despersonalizar individuos y ocultar su identidad hace

> *"Si tan solo hubiera gente mala en algún lugar insidiosamente cometiendo malas acciones, y solo fuera necesario separarlos del resto de nosotros y destruirlos. Pero la línea que divide a los buenos y malos corta a través del corazón de cada ser humano."*
> Alexander Solzhenitsyn, *Archipiélago Gulag*, 1973

el descenso a la sumisión patológica o crueldad despreciable más fácil y más probable:

"Cuando la gente se siente anónima en una situación, como si nadie fuera consciente de su verdadera identidad (y, por lo tanto, que a nadie probablemente le importe), pueden más fácilmente ser inducidos a comportarse de manera antisocial".

El tipo de provocación abusiva que vemos en las redes sociales, donde la gente puede ocultarse detrás de un nombre de usuario anónimo y no tiene que hacer frente a las víctimas de las que está abusando, es el resultado de los mismos efectos.

La desindividualización funciona en ambos sentidos. Los presos, despojados o uniformados, con la cabeza rapada o escondida, ya no son los individuos humanos con los que podemos sentir empatía. Las personas son fácilmente persuadidas de que son diferentes, sin valor, no merecen un trato digno. Si eso puede ocurrir incluso entre los estudiantes universitarios estadunidenses durante un periodo de treinta y seis horas, ¿cuánto más probable es que ocurra en una guerra u otra situación estresante?

Del mismo modo que los guardias están protegidos por su desindividualización, sus gafas de espejo y uniformes enmascarando sus identidades personales, los prisioneros se hacen vulnerables a causa de ellos. Zimbardo ha dicho que en estas situaciones, el pasado y el presente desaparecen y solo la satisfacción del momento es la que cuenta. La gente hace cosas sin pensar en las consecuencias o los motivos. Y nadie puede decir que él o ella no lo harían. Es por eso que es tan aterrador.

"Cualquier acción que cualquier ser humano haya cometido, a pesar de lo horrible, es posible para algunos de nosotros bajo las circunstancias adecuadas. Ese conocimiento no excusa al mal; lo democratiza, compartiendo su culpa entre los actores ordinarios en lugar de declararlo como la provincia de los desviados y los déspotas —de ellos, pero no de nosotros. La principal lección del experimento de la prisión de Stanford es que las situaciones nos pueden llevar a comportarnos de maneras que no tendríamos, no podríamos predecir posibles de antemano".
Phil Zimbardo

Capítulo 23

¿Por qué no solo pones manos a la obra?

¿Hay algo más que debieras estar haciendo en este momento en lugar de estar leyendo este libro ahora?

Dilación (o procrastinación). Todos lo hacemos. Hay una tarea por hacer, pero simplemente no podemos o no la vamos a resolver. Ni siquiera tiene por qué ser una tarea aburrida o desagradable —todavía puede parecer casi imposible dejar de perder tiempo y simplemente seguir adelante con el trabajo o tarea que es tan importante o urgente. ¿Por qué nos hacemos persistentemente la vida difícil a nosotros mismos al aplazar las cosas?

ACTIVIDAD DE DESPLAZAMIENTO

Haciendo otra cosa en lugar de lo que se pretende hacer o se debe hacer se llama "actividad de desplazamiento". No solo los seres humanos lo hacen. Los animales se traban en una actividad de desplazamiento cuando no pueden elegir entre dos acciones, o cuando una acción en la que están muy motivados en llevar a cabo está bloqueada. Algunas aves inútilmente picotearán la hierba cuando se enfrentan a un oponente: no pueden decidir si luchar o huir, y en vez de eso, hacen algo completamente inútil en la situación. A veces nos rascamos la cabeza cuando se trata de hacer una elección —esa es una actividad de desplazamiento. Algunas personas mastican o giran un mechón de pelo o juegan con su pluma cuando están bajo presión o cuando se lucha con una decisión o problema. Estas son las actividades de desplazamiento.

A veces procrastinamos hasta que apenas queda tiempo para completar la tarea y luego trabajamos mejor bajo la presión que hemos creado. A veces realmente necesitamos descansar, o necesitamos el tiempo de inactividad para que nuestros cerebros trabajen inconscientemente en un problema.

> *"(La dilación es) retrasar voluntariamente un curso de acción deseado a pesar de esperar que sea peor por el retraso".*
> Piers Steel, Universidad de Calgary

¿Se trata de hacer las cosas bien?

Es un error común pensar que la dilación es un producto del perfeccionismo que posponemos empezar algo porque tememos que no vamos a hacerlo lo suficientemente bien. En efecto, esto significa que estamos retrasando o evitando la decepción o frustración saboteando la tarea. Es más fácil, en términos de la propia imagen de sí mismo, sentir que *podría* haberlo hecho bien si lo hubiera intentado, que aceptar que ha intentado hacerlo lo mejor posible y simplemente no estaba a la altura. Por supuesto, sabotear la tarea también significa sabotear cualquier posibilidad de tener éxito en ello. Pero los estudios sugieren que no existe, de hecho, *ningún* vínculo con el perfeccionismo y, en todo caso, los perfeccionistas difieren menos que los no perfeccionistas.

En cambio, la dilación se correlaciona fuertemente con la escrupulosidad —y, curiosamente, con ser un noctámbulo en lugar de un madrugador.

Los procrastinadores tienen menos enfoque en el futuro y tienen una visión más fatalista y sin esperanza, incluso del presente. Parece como si simplemente no tuviera caso seguir y hacer cosas, ya que no va a funcionar bien de todos modos.

Factor de sentirse bien

Todo eso suena más bien pesimista. Pero la dilación nos da una cierta ventaja para compensar la pérdida a largo plazo. Nos da un impulso inmediato —nos sentimos bien porque no estamos haciendo una tarea que no estábamos deseando. Es un poco más complicado de lo que parece.

La mayoría de nosotros, con una dosis de fuerza de voluntad menos que óptima, preferimos la gratificación instantánea sobre la gratificación retrasada, incluso si la gratificación instantánea es de un orden menor. Es el principio "más vale pájaro en mano que ciento volando". Si usted debe lavar el coche, escribir un informe o guardar las compras, es fácil aplazar la tarea a favor de ver la televisión o navegar por Internet. Probablemente se prometerá a sí mismo que va a hacer la tarea aburrida en una hora, o mañana. Así que usted se siente mejor de inmediato, porque usted está haciendo algo que preferiría hacer, y también se siente mejor porque usted ha planeado para conseguir hacer la tarea.

Se puede imaginar un futuro en el que se realiza la tarea, ya que se llevará a cabo después de la hora fijada para ello. Además, estamos muy mal en lo que los psicólogos llaman "previsión afectiva", imaginar cómo nos sentiremos en algún momento en el futuro. Así que si va a escribir su informe mañana, se siente más feliz porque usted no tiene que hacerlo ahora, y usted anticipa que se sentirá igualmente feliz por el plan de mañana, cuando en realidad tiene que hacer la tarea. Lamentablemente, no lo hará.

Solamente por placer

Algunas personas dejan rutinariamente las tareas hasta que solo pueden simplemente completarlas a tiempo. ¿Reciben placer por la descarga de adrenalina que viene con el estrés de la lucha

TEMPRANO A LA CAMA...

"Temprano a la cama y levantarse temprano, hace a un hombre sano, rico y sabio". Este viejo adagio se ve corroborado por la investigación que muestra que la gente que va a la cama temprano y se levantan temprano (madrugadores) son menos propensos a la dilación. Como resultado de esto, hacen más cosas y por ello bien podrían ser más ricos, pero son sin duda más prudentes en cuanto a la forma en que utilizan su tiempo. Probablemente también tendrán una mejor salud mental, ya que los que procrastinan experimentan un mayor nivel de estrés y de ansiedad general que los que no lo hacen.

para cumplir con un plazo inminente?

El doctor Joseph Ferrari de la Universidad DePaul, en Chicago, Illinois, encontró que los procrastinadores tenían dos tendencias: O estaban retrasando una tarea porque simplemente no querían hacerlo, por lo que se trataba de una conducta de evasión ordinaria, o retrasaron la tarea porque ellos realmente creían que funcionaban mejor bajo presión y se esperaban hasta el punto en que la tarea realmente tenía que empezarse si se debía completar del todo. Llegó a la conclusión de que este segundo grupo estaba buscando la emoción de la tensión bajo la que se habían puesto. Sin embargo, estudios posteriores han sugerido que esta no es la verdadera razón de la dilación —es solo la racionalización para ello.

En los estudios realizados por Kyle Simpson de la Universidad Carleton en Ottawa, Canada, no se encontró ninguna correlación entre

EL OPUESTO DE LA DILACIÓN

Los procrastinadores no pueden comenzar una tarea y cuando la abordan, a menudo se desacoplan y la hacen a medias. Lo contrario a la experiencia "flujo" o sea "en la zona". "Flujo", como lo define el psicólogo de origen húngaro Mihaly Csikszentmihalyi, "es estar completamente involucrado en una actividad en sí misma. El ego desaparece. El tiempo vuela. Cada acción, movimiento y pensamiento sigue inevitablemente del anterior, como tocar jazz. Todo tu ser está involucrado y estás utilizando tus habilidades al máximo".

las personas que son amantes de la adrenalina y las medidas de dilación. En cambio, parece que las personas creen, o se dicen a sí mismas, que procrastinan porque trabajan mejor bajo presión o disfrutan de la acometida, pero de hecho es solo una forma de excusar su falta de acción para sí mismos. Pocas personas, al hacer una tarea en el último minuto, están todavía muy contentas de haberlo dejado hasta tarde para comenzar. Muchos lamentan el retraso, diciendo que podrían haber hecho un mejor trabajo si hubieran tenido más tiempo, o que están interesados en la tarea y es una pena que no tengan tiempo para disfrutarla apropiadamente.

Culpa a tu cerebro

Una tendencia a procrastinar se ha relacionado con el daño a o la baja activación de la corteza prefrontal. Esta zona del cerebro juega un papel importante en la planificación, control de los impulsos y el filtrado de los estímulos distractores de otras partes del cerebro.

La mayoría de nosotros, sin embargo, no tenemos una corteza prefrontal dañada o de baja actividad, por lo que no podemos usar esa excusa. La mayoría de nosotros somos "corto-plazistas" y retrasaremos una tarea difícil, aburrida o larga para hacer algo inmediatamente gratificante, incluso si es de poco o ningún valor a largo plazo. La mayoría de nosotros procrastinamos porque somos perezosos, carecemos de fuerza de voluntad y estamos desmotivados. Es simplemente difícil admitir eso —y si lo admitimos, podríamos sentir que realmente tuvimos que hacerle frente. Y realmente no podemos molestarnos.

Capítulo 24

¿A quién le importa si superaste la oferta en eBay?

Nuestros cerebros tienen trucos para hacer que nosotros queramos lo que tenemos, incluso si no obtenemos lo que queremos.

Imagínese: Usted está viendo un gran evento deportivo internacional, alentando a su equipo internacional. Entonces un jugador del equipo contrario realiza un movimiento verdaderamente brillante. Aplaude. Pero, espere... usted quiere que él pierda. No —¿cómo se puede querer que pierda cuando es tan bueno? Siempre ha hecho burla de los es-

> *"Si una persona es inducida a hacer o decir algo que es contrario a su opinión personal, habrá una tendencia a que cambiará de opinión con el fin de ponerla en correspondencia con lo que ha hecho o dicho".*
> Leon Festinger y James M. Carlsmith, Universidad de Stanford, California

La creencia de una persona de que se debe cuidar del ambiente podría estar en conflicto con su deseo por un coche hambriento de combustible. O bien podría no comprar el coche, o acallar su conciencia al usar algunas veces el transporte público, o racionalizar para convencerse a sí mismos que el coche no es una gran amenaza ambiental, como habían pensado.

nobs de comida que frecuentan restaurantes ridículamente caros. Pero entonces alguien se ofrece a llevarlo a comer al establecimiento con estrellas Michelin más cercano. Va en contra de sus principios, pero le encantaría ir, solo para probarlo, solo una vez… si usted ha tenido una experiencia como esta, ha conocido la disonancia cognitiva, descrita por Leon Festinger en la década de 1950.

El experimento "tarea aburrida"

En 1959, Leon Festinger y James Carlsmith llevaron a cabo un experimento de cómo la gente lucha para reconciliar un conflicto entre sus acciones y sus creencias. Reclutaron a algunos estudiantes para llevar a cabo una tarea, diciéndoles que era parte de un experimento de psicología sobre "medidas de desempeño". Se dijo a los estudiantes que dos grupos de personas estaban haciendo el experimento y un grupo había sido informado con antelación para darles las expectativas específicas de la tarea. Pero, de hecho, era un poco una mentira y el experimento real se produjo después de la tarea.

Las tareas eran aburridas. Durante media hora, los estudiantes tenían que mover algunos carretes alrededor en una caja. Luego tuvieron que pasar media hora moviendo las clavijas de madera alrededor de un tablero. Al final, el experimentador agradeció a cada estudiante y dijo que muchas personas habían encontrado las tareas interesantes.

Justo después el investigador regresó. Afectado por la vergüenza y la confusión, les dijo a los estudiantes que la persona que daría la información al siguiente grupo de alumnos no se había presentado y les pidió que lo sustituyeran. Todo lo que tenían que hacer era decirle a la siguiente persona que la tarea era realmente muy interesante. A algunas personas se les pagó un dólar para hacer esto; a otros se les pagaron veinte. Después, el experimentador de nuevo dijo que muchas personas encontraban la tarea interesante y que esperaban que el estudiante la hubiera disfrutado.

¿Era realmente tan aburrida?

A ello siguió una entrevista sobre el experimento. Una de las preguntas que el entrevistador hizo fue qué tan agradable resultó la tarea. Recuerde, la tarea era muy, muy aburrida, pero tanto el experimentador como los propios estudiantes habían dicho que era divertida.

Lo que fue realmente interesante, sin embargo, fue que los estudiantes a los que se les había pagado solo un dólar por mentir sobre la tarea, la calificaron como más interesante que a los que se pagó veinte dólares para entusiasmar al respecto.

> *"Los seres humanos no son un animal racional, sino una racionalización de uno".*
> Leon Festinger

Festinger y Carlsmith explican este resultado en términos de la disonancia cognitiva. Los estudiantes a los que se había pagado veinte dólares sentían que se les había pagado lo suficiente por mentir. Habían sido recompensado adecuadamente para comprometerse ellos mismos y lo vieron como un trato justo.

Pero los alumnos a los que solo se les había pagado un dólar no tenían este consuelo. O bien tuvieron que admitir a sí mismos que habían mentido por una pequeña recompensa, o tuvieron que cambiar su evaluación de la tarea. Era preferible admitir que se habían equivocado en su opinión de la tarea —no era tan aburrido, después de todo. Esencialmente, necesitaban una manera de salvar su dignidad y la forma que eligieron para lograrlo fue revisar su experiencia original.

Únete al club

Es bien sabido que entre más difícil sea entrar en un club, es más apreciada la membresía. A pesar de que el club podría ser en realidad bastante mediocre, y ciertamente no ofrecer mejores instalaciones que muchos otros clubes, nos justificamos a nosotros mismos el esfuerzo que tuvimos que hacer por convencernos a nosotros mismos de que el club es fantástico. En 1956, Elliot Aronson y Judson Mills requirieron que las personas llevaran a cabo una tarea, ya sea una humillante o una ligeramente embarazosa, para unirse a un grupo de discusión sobre el sexo.

CLUBES EXCLUSIVOS PARA PALOMAS

Ha habido otras explicaciones para este resultado, entre ellas que el nivel de contraste entre el esfuerzo y la recompensa influye en el nivel de satisfacción de los participantes. Esta interpretación se ve confirmada por un estudio publicado en 2007 que mostró que las palomas se comportan de la misma manera. Si tienen que trabajar más duro para conseguir comida por un medio que por otro, prefieren el método más difícil. O las palomas experimentan disonancia cognitiva, o el contraste de recompensa/esfuerzo es un factor motivador.

Groucho Marx habría enviado un telegrama al Friar's Club, de Beverly Hills, que decía: "POR FAVOR, ACEPTE MI RENUNCIA. NO QUIERO PERTENECER A NINGÚN CLUB QUE ACEPTE A GENTE COMO YO COMO MIEMBRO". La broma es sobre la disonancia cognitiva. Él quiere unirse a un club exclusivo, pero tiene una baja autoestima. Si el club va a aceptar su membresía, no puede ser tan exclusivo como él pensaba, por lo que no quiere unirse.

El grupo resultó ser muy aburrido (una discusión sobre el comportamiento sexual en los animales), pero los miembros que se habían sometido a la iniciación más extenuante lo disfrutaron de todos modos. Necesitaban convencerse de que su esfuerzo había valido la pena.

Solo bebe la cerveza y come las donas

Pocos de nosotros tenemos que mentir sobre lo aburrida que es una tarea (a menos que tal vez nos pasemos la vida realizando entrevistas de contratación), pero hay un montón de oportunidades para la disonancia cognitiva en la vida cotidiana. Podríamos decidir bajar de peso o comer de forma saludable, pero aun así comprar donas en el supermercado. Podríamos resolver no beber mucho, y luego comprar otra botella de vino. Esta es la disonancia entre creencias y comportamientos. También podríamos tener conductas disonantes —la compra de una máquina de remo en el mismo viaje en que compramos las donas, por ejemplo.

Juguetes divertidos y juguetes basura

Al parecer, no solo son los adultos los que necesitan racionalizar para explicar su comportamiento a sí mismos. Carlsmith estuvo involucrado en otro estudio, esta vez en 1963 con Elliot Aronson, investigando la disonancia cognitiva en los niños pequeños. En cada experimento, un niño fue dejado en una habitación con un montón de juguetes, uno de los cuales era muy especial. Al niño le dijo que jugara con cualquiera de los otros juguetes, pero que sería castigado si jugaba con el especial. La mitad de los niños fueron amenazados con una pena grave y la otra mitad con un castigo leve. Ninguno de los niños jugó con el juguete especial.

A continuación, a todos los niños se les permitió jugar con cualquier juguete, todas las prohibiciones fueron levantadas. Los niños que habían sido amenazados con un castigo leve fueron mucho menos propensos a jugar con el juguete especial que los otros niños. Carlsmith y Aronson lo explicaron diciendo que los niños tenían que racionalizar su respuesta de autovigilancia ante la amenaza leve, y lo hicieron convenciéndose a sí mismos de que el juguete no era especialmente interesante de todos modos. Como resultado, ellos no quisieron jugar con él cuando se les permitió.

En una variante del estudio en 2012, los niños de cuatro años de edad fueron puestos en la misma situación, pero algunos de ellos escucharon música clásica durante las sesiones de juego. Aquellos que escucharon la música no devaluaron el juguete especial. Parece que la música y algunos otros estímulos externos, impiden las estrategias que reducen la disonancia.

"Bueno, yo no quería de todas maneras..."

La disonancia cognitiva está detrás de muchos de nuestros comportamientos aparentemente insignificantes. Por ejemplo, usted está sobrepujado por un artículo en una subasta en línea. A continuación, racionaliza la situación, sintiéndose aliviado de que usted no tiene que gastar el dinero, o convenciéndose de que usted realmente no lo quiere tanto de todos modos. Ese es el mismo proceso en el trabajo: Para eliminar los pensamientos disonantes de decepción, devaluamos inmediatamente lo que se ha perdido.

Cuando tenemos que elegir entre dos objetos o acciones, incluso si la elección parece difícil en el momento, a menudo nos sentimos mucho más seguros con la elección tan pronto como se hace. La mente refuerza la elección para evitar la disonancia.

No son solo las personas las que hacen este tipo de racionalización. En un estudio en 2007 que utilizó tanto a niños preescolares como monos capuchinos, los dos grupos de sujetos se comportaron de la misma manera. Al ofrecérseles dos opciones, y luego una nueva opción que implicaba el elemento rechazado y un nuevo elemento de atractivo idéntico, tanto niños como monos escogieron el nuevo elemento. Claramente había algo mal con el artículo rechazado, porque lo habían rechazado. ¿Por qué lo querrían la segunda vez?

En la fábula de Esopo, la zorra que no puede alcanzar las uvas decide eventualmente que lo más probable es que estén agrias —no vale la pena tenerlas.

¡Catástrofe - el mundo no se acabó!

Aquellos de nosotros que no pertenecemos a fanáticas sectas religiosas construidas alrededor de la creencia de que el fin se acerca, disfrutamos bastante riéndonos de las profecías de fatalidad que aparecen de vez en cuando. Festinger (otra vez) y algunos colegas decidieron estudiar los efectos sobre miembros del culto cuando esos días del fin del mundo pronosticados llegaron y se fueron sin que ocurriera el apocalipsis.

Estudiaron un grupo llamado los Solicitantes que habían creído que el mundo sería destruido por una gran inundación en la mañana del 21 de diciembre de 1954. No hace falta decir que no lo fue. El grupo, liderado por una Marian Keech (en realidad Dorothy Martin) que afirmaba recibir mensajes de un planeta llamado Clarion, se preparó

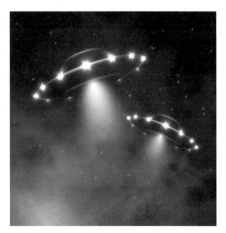

para ser llevada lejos en una nave espacial extraterrestre antes de la inundación.

Los miembros habían demostrado su compromiso considerable, mudándose de sus hogares, vendiendo sus posesiones y dejando sus puestos de trabajo y socios. El día anterior, se despojaban de objetos de metal, y esperaron a que un visitante alienígena que se suponía iba a llegar a la medianoche los guiara a la nave espacial.

Llegó la medianoche y se fue sin ningún visitante extraterrestre. ¿Cómo podrían responder?

Todo está bien...

A las 4 a. m., ya que todos se sentaron en silencio atónito, Keech recibió un mensaje de los extraterrestres diciendo que Dios había decidido prescindir de la Tierra que su pequeño grupo había evitado el desastre. Al día siguiente, el grupo previamente tímido en público, hizo un llamado a todos los periódicos para contar cómo habían impedido la inundación catastrófica. Sin dejarse impresionar, las autoridades de Chicago amenazaron a Keech con detención y reclusión en una institución mental.

Como predijo Festinger, el fracaso del fin del mundo no destruyó el culto, sino que lo hizo más fuerte en su actividad proselitista. En lugar de darse cuenta de que su profecía era errónea, los miembros ajustaron lo que había pasado para que se adaptara a sus creencias, el mundo *había estado yendo* hacia el final, pero su propia bondad personal había evitado el desastre. El culto fue, entonces, súper bueno, ya que había hecho una cosa tan poderosa, por lo que podrían estar aún más confiados en su compromiso con el grupo y seguir reclutando nuevos miembros. ¡La disonancia cognitiva gana el día!

Capítulo 25

¿Sonreír te hará feliz?

Sonreír se supone que nos hace sentir mejor. ¿Es esto cierto?

Si sonríes, te sentirás mejor, dice la gente. Suena estúpido. Sonreímos cuando estamos contentos —no estamos contentos porque sonreímos. Las cosas que están mal en su vida no se van a arreglar porque usted sonría. Pero, ¿es realmente estúpido, o hay alguna pizca de verdad allí? Los psicólogos creen que podría haber algo en ella, después de todo.

¿Cómo sabes cómo eres?

Nosotros decidimos lo que otras personas son observando lo que hacen y escuchando lo que dicen. Si vemos a alguien hacer una pausa para dar dinero a un mendigo en la calle, se detiene para hablar con un vecino de edad avanzada o recoger algo que un extraño ha tirado, pensamos que son amables, atentos, o generosos. Estas son las acciones de una persona amable, una persona empática, una persona generosa. Por otro lado, si vemos a alguien abrirse paso a empujones entre una multitud, maldecir a

> *"A veces tu alegría es la fuente de tu sonrisa, pero a veces su sonrisa puede ser la fuente de tu alegría".*
> Thich Nhat Hanh, maestro zen

un niño ruidoso o impacientarse cuando una persona mayor lo detiene al moverse lentamente, nos formamos una opinión negativa de ellos.

Si formamos una opinión de otras personas por su comportamiento, tal vez podríamos formar una visión de nosotros mismos de la misma manera. Esto se llama autopercepción, la idea de que nuestro punto de vista de quienes somos es conformado por lo que hacemos. Nos observamos a nosotros mismos y llegamos a conclusiones acerca de nuestro propio carácter, estado de ánimo y las actitudes con base en lo que vemos. Suena ridículo. Sin duda, la forma en que actuamos pone de manifiesto cómo somos, ¿no a la inversa?

En 1972 el psicólogo social Daryl J. Bem, de la Universidad de Cornell, Nueva York, propuso esta teoría de la autopercepción como una alternativa a la teoría de la disonancia cognitiva. Tiene sus críticos, pero por el momento parece que ambas teorías tienen mucho por qué ser felicitadas, afectando a las personas en diferentes momentos. La autopercepción podría ayudar a las personas a formar su visión de sí mismas, y entonces surge la disonancia cognitiva si tienen que actuar de una manera que contradice la opinión que se han formado. La autopercepción parece ser capaz de influir en nuestra visión de nosotros mismos cuando no hemos invertido mucho en una actitud particular.

"Soy una persona que hace esto"

Si observamos lo que hacemos y luego asumimos que somos el tipo de persona que hace ese tipo de cosas, en teoría deberían ser fácil de cambiar los atributos que no nos gustan de nosotros mismos. En la

ACTUAR DE MANERA DIFERENTE PARA SER DIFERENTE

El filósofo existencial francés Jean-Paul Sartre creía que tomamos decisiones acerca de cómo somos y lo que somos todo el tiempo. Una persona se define por lo que hace, y solo por eso. Si alguien actúa de forma cobarde, eso lo hace un cobarde. Si deja de actuar de esa manera y actúa con valentía, ya no es un cobarde sino ahora es una persona valiente. Podríamos tener una inclinación a actuar de una manera u otra, ya sea construido a través de experiencias pasadas o genética, pero nada nos obliga a actuar o seguir actuando así. Es a la vez una filosofía liberadora y una gravosa —no hay nadie más a quien culpar por cómo eres.

práctica, puede hacer que sea más difícil, ya que se tiende a creer que los comportamientos son más arraigados de lo que son —no son solo comportamientos, sino rasgos de carácter.

Si usted pasó una semana descansando en el sofá viendo la televisión y jugando videojuegos, podría pensar: "Soy una persona perezosa. He pasado una semana descansando en el sofá". Si no le gusta esa visión de usted mismo, es posible entonces pensar: "Tengo que cambiar y dejar de ser perezoso". Eso es todo un reto, es un cambio de composición abierta a su personaje. Sería más útil pensar: "Me pasé una semana descansando en el sofá. Yo no quiero actuar de una forma perezosa la próxima semana". Un objetivo que se refiere a las actividades de la semana es mucho menos imponente que un objetivo que parece exigir que reescriba su personalidad.

> *"Somos lo que pretendemos ser, por lo que debemos tener cuidado con lo que pretendemos ser".*
> Kurt Vonnegut, *Madre Noche* (introducción)

¿Cambiar de idea?

Varios estudios han demostrado que si se pide a los estudiantes que escriban un ensayo proponiendo o defendiendo un punto de vista que es contrario al suyo, tienden a ajustar sus puntos de vista para estar más de acuerdo con el argumento que han hecho.

En 1970, Daryl Bem y su colega Keith McConnell investigaron las opiniones de los estudiantes acerca de tener el control de su propio plan de estudios. Luego, los estudiantes tuvieron que escribir un ensayo proponiendo la opinión contraria a la suya.

Después, se preguntó a los estudiantes cuáles habían sido sus opiniones al comienzo del estudio. Los resultados no coincidieron con sus respuestas antes del estudio: Sus puntos de vista se habían ajustado, pero afirmaron que siempre habían sostenido esas opiniones.

Para los anunciantes y otras personas en el negocio de persuadir-nos, esa es una buena noticia. Lo único que necesitan es dirigirse a algo que no hayamos pensado realmente o no tener opiniones firmes sobre algo, y llevarnos a pensar, decir o hacer algo a favor de la opi-nión que quieren que sostengamos y creeremos que siempre simpa-tizamos con esa opinión.

Volver a lo aburrido

Daryl Bem adaptó el experimento aburrido de Festinger, cuando hizo que la gente llevara a cabo una tarea aburrida (véanse las pági-nas 178 o 263). Los participantes de Bem escucharon una grabación de un hombre que hablaba con entusiasmo sobre la tarea aburrida.

A un grupo se le dijo que el hombre había recibido veinte dólares por su testimonio, y al otro grupo se le dijo que se le había pagado un dólar. Los participantes, al ser interrogados, pensaron que el hombre pagado con solo un dólar disfrutó de la tarea más que a los que se les había dicho que se le había pagado veinte dólares.

Este es el mismo resultado que Festinger recibió de sus partici-pantes, aquellos que se les había pagado un solo dólar más tarde recordaron la tarea como más interesante que a los que se había pagado veinte dólares. Bem concluyó que los sujetos de Festinger estaban respondiendo de la misma manera como los suyos, pero la diferencia era que estaban infiriendo las cosas desde su propio com-portamiento y no de la conducta de otra persona. El proceso, según él, era el mismo —nos fijamos en el comportamiento e inferimos co-sas sobre la actitud, ya sea si el sujeto es otra persona o nosotros mismos.

Y anteriormente...

Mucho antes que el experimento de Bem, en el siglo XIX, William James y Carl Lange llegaron de forma independiente con una teoría que ahora se conoce, sin imaginación, como la teoría de James-Lange. Se propone que cada estímulo —algo que sentimos, notamos, o experimentamos— tiene un efecto fisiológico en el cuerpo. El efecto fisiológico es procesado por el cerebro y crea una emoción. La respuesta fisiológica es un reflejo. Así que si ve un oso corriendo hacia usted, sus manos pueden comenzar a sudar y su corazón acelerarse. Entonces su cerebro nota estos reflejos y elabora el miedo, y el miedo hace que usted tome acción evasiva. El temor a continuación informa su decisión sobre la acción.

Así que, ¿puede la sonrisa hacerte feliz?

La dificultad de investigar si simplemente sonreír hace que la gente sea más feliz es que es necesario separar el acto físico de sonreír de un estímulo que pueda hacer que la gente sea más feliz. No tiene sentido hacer que la gente sonría contando una broma, haciéndoles cumplidos o dándoles un helado, ya que todos estos podrían ha-

¿DULCE O TRUCO?

Un estudio realizado en 1979 sugiere que si podemos vernos a nosotros mismos, somos más propensos a actuar de una manera que aprobamos. Los investigadores observaron desde escondites mientras que los niños iban jugando "dulce o truco" por las casas en Halloween. Cuando el ocupante de la casa dejó a los niños solos en el vestíbulo de la entrada, diciendo que ellos podían elegir un dulce de una selección, el 33% de los niños se llevó más de un dulce. Pero si había un espejo en el pasillo, para que los niños pudieran ver lo que estaban haciendo, el número de los que tomaron más de un dulce se redujo a menos del 4%. Parece que los niños no quieren ser vistos haciendo algo deshonesto, incluso por ellos mismos, ya que entonces tendrían que pensar en sí mismos como deshonestos.

cerlos más felices de todas formas.

Un equipo de investigación dirigido por Fritz Strack en 1988 utilizó un método ingenioso para hacer que los participantes sonrieran. Dijeron que estaban desarrollando nuevos métodos para posibilitar que las personas paralizadas pudieran comunicarse y necesitaban ayuda trabajando con diferentes formas de sostener un lápiz usando solo los músculos de la cara.

Algunos participantes tuvieron que sostener el lápiz con los dientes; otros tuvieron que sostenerlo en sus labios. El primer método forzaba el rostro en una sonrisa, mientras que el segundo los obligaba a adoptar una expresión infeliz. Después, a los participantes se les mostraron dibujos animados y se les pidió que calificaran el humor. Los

¿PODRÍAS SER UN TERRORISTA?

En 2010, Rosanna Guadagno y otros investigaron los métodos utilizados por las organizaciones terroristas para reclutar y entrenar a nuevos miembros. Una estrategia era utilizar la técnica del "pie en la puerta" (véase la página 231) para atraerlos. Una vez que estaban involucrados, sin embargo, a los nuevos reclutas se les dieron tareas cada vez más extremas. Entonces ellos parecieron ajustar su percepción de sus propias actitudes, objetivos y creencias para que coincidieran con las acciones que habían llevado a cabo. Una vez que empezaron a pensar en sí mismos como acometidos, estarían dispuestos a realizar tareas más serias. Esas tareas confirmaron su visión de sí mismos, y un ciclo de creciente compromiso y extremismo empezaba.

participantes "sonrientes" encontraron los dibujos animados más divertidos.

¿Real o falso?

Una versión modificada del estudio, llevado a cabo en 2002, encontró que la falsa sonrisa (sin mejillas levantadas) tenía menos efecto que la sonrisa "real" (con las mejillas levantadas), y que la sonrisa tenía un impacto en cómo la gente percibe los estímulos positivos, pero no en su recepción de estímulos negativos (imágenes terribles o desagradables). La sonrisa "real" todavía tiene el efecto de levantar el estado de ánimo, incluso si es falsa —lo que importa es utilizar todos los músculos necesarios para replicar una sonrisa de verdad.

LA SONRISA CIENTÍFICA

La sonrisa aceptada oficialmente se llama la sonrisa de Duchenne. Implica a los músculos cigomáticos para elevar los lados de la boca y los músculos orbiculares de los ojos para reducir los ojos. Este tipo de sonrisa está calificado por los observadores como el más genuino.

Así, parece que sonreír puede, de hecho, hacerle más feliz. Podría ser una simple cuestión de autopercepción: Estoy sonriendo, por lo que debo estar feliz. Pero algunos psicólogos han sugerido que como sonreír ejercita los músculos cigomáticos, esto cambia el flujo de la sangre al cerebro y, de hecho podría producir un efecto real sobre la química del cerebro.

¿TOMA REALMENTE MÁS MÚSCULOS FRUNCIR EL CEÑO QUE SONREIR?

Es difícil decir exactamente cuántos músculos se utilizan para sonreír y fruncir el ceño, especialmente porque toda la gente sonríe y frunce el ceño de manera diferente. La sonrisa reconocible más simple usa cinco pares de músculos, y el ceño fruncido más simple usa tres pares de músculos. Si solo se va por la economía del uso de los músculos, el ceño fruncido es la mejor apuesta. Pero eso significa que el sonreír es un mejor ejercicio, ¿así que quizás funcione en su régimen de ejercicio?

Capítulo 26

¿Es realmente "solo una etapa"?

¿Las mentes de los niños se desarrollan a través de etapas? ¿O es su desarrollo acumulativo y estratificado?

Su pequeño está teniendo rabietas, su niño de ocho años de edad está siendo insolente y su adolescente está teniendo un berrinche porque usted está "arruinando su vida". No se preocupe, es solo una etapa —van a crecer y salir de ella, todo el mundo lo dice. ¿En serio?

Dos modelos para surgir de ser un bebé

Estamos acostumbrados a pensar en la infancia en etapas. En la vida cotidiana, las etapas son un poco confusas, a veces muy cortas y específicas (la etapa de orinarse en la cama, la etapa dependiente) y, a veces, aparentemente interminables (la etapa adolescente insolente). El modelo de "etapas" de la infancia hace que el niño sea algo así como un tren que pasa a través de una estación tras otra, recogiendo y dejando viajeros. ¡Oh mira!, rabietas han subido a bordo —van a estar aquí por un par de paradas y luego bajan.

Otro modelo sugiere que hay un desarrollo gradual en el que las nuevas destrezas y habilidades se apilan en la parte superior de las antiguas, acrecentándose eventualmente en una forma adulta de relacionarse con el mundo. Las maneras de ser no se quedan atrás, pero más se añaden.

Es una etapa que están pasando

El modelo de etapas se basa en el trabajo del psicólogo del desarrollo suizo Jean Piaget (1896-1980). Dividió el aprendizaje de los niños pequeños en cuatro etapas de acuerdo con los tipos de habilidades que han adquirido y las formas en que podrían interpretar e interactuar con el mundo:

EDADES 0-2: Etapa sensoriomotora —los bebés son solo conscientes de su entorno inmediato y de ellos mismos. Ellos son muy egocéntricos, y no tienen idea de que todavía existe algo cuando ya no lo puedan ver (conocida como la permanencia del objeto). Sin embargo, los estudios llevados a cabo en 1972 sugieren que esta teoría es inexacta. Si un bebé está tratando de alcanzar un objeto ofrecido y las luces se apagan, el bebé sigue tratando de alcanzarlo (según lo revelado por una cámara infrarroja).

EDADES 2-7: Fase preoperativa, los niños todavía se centran en el mundo exterior y cómo funciona, pero no pueden hacer deducciones lógicas (que necesitan pensamiento "operacional"). Ellos tienden a centrarse en un aspecto de un

Los bebés disfrutan "dónde está el bebé" ya que están encantados de descubrir la permanencia de los objetos. La reaparición predecible confirma que tienen razón en su conclusión de que el padre todavía existe cuando ya no es visible.

objeto o situación a la vez. Tienen dificultades para imaginar el punto de vista de otra persona ("teoría de la mente"), no entienden los principios tales como la conservación —que el mismo número de objetos pueden ser dispuestos de manera diferente— o la relación entre grupos y subgrupos de objetos. Una vez más, la investigación posterior sugiere que Piaget subestimó lo que los niños pueden hacer, en parte porque sus experimentos no estaban bien diseñados.

EDADES 7-11: Etapa operacional concreta —los niños ahora pueden entender conceptos tales como la conservación del número y volumen, pero solo con la ayuda de objetos físicos (concretos) para demostrarlos. La investigación posterior, una vez más, sugiere que Piaget no enmarcó sus experimentos en formas que eran accesibles a los niños, lo que de nuevo subestimó sus habilidades.

EDADES 11 +: Etapa de las operaciones formales —los jóvenes puedan hacer frente a los conceptos en sus cabezas y ya no necesitan demostraciones físicas para hacerlos realidad. Pueden llevar a cabo el razonamiento deductivo, la comprensión, por ejemplo, que si A> B y B> C, entonces A> C debe ser verdad.

Las pruebas de Piaget fueron criticadas de nuevo. Algunos investigadores han encontrado que son culturalmente muy específicas. Navegantes Pulawat en Polinesia pueden llevar a cabo el pensamiento operativo complejo para navegar sus canoas, y sin embargo no superar las pruebas de Piaget del desarrollo, ya que no tienen sentido para ellos. Ha habido desacuerdo, también, acerca de cómo comúnmente la cuarta etapa es siempre correctamente lograda —algunas investigaciones sugieren que solo un tercio de la población adulta logra plenamente la etapa de las operaciones formales.

Bloques de construcción de la conducta

Jerome Bruner tomó un enfoque diferente, la elección de modos, en lugar de las etapas en el desarrollo. En 1966, propuso que tres modos de representación se superponen unos a otros, construyendo un conjunto de habilidades que no son remplazadas sino que se siguen utilizando en la edad adulta. Sostuvo que los niños construyen un "andamiaje" mental que apoya su aprendizaje, con los conocimientos antiguos apoyando a los nuevos conocimientos.

EDADES 0-1: Modo enactivo —los bebés utilizan la acción de interactuar con el mundo, construyendo una "memoria muscular" (tales como aprender a saludar moviendo la mano y caminar —habilidades que no se olvidan, excepto en los casos de lesión cerebral).

EDADES 1-6: Modo icónico —la realidad se representa a través de imágenes y sonidos.

EDADES 7 +: Modo simbólico —la información se almacena y manipula utilizando símbolos como el lenguaje y las matemáticas.

Bruner descubrió que algunas de las tareas en las que los niños de Piaget fallaron fueron mejor manejadas si a los niños primero se les hubiera hablado de ellas. Así, si en lugar de verter el agua de un vaso alto y delgado, a uno bajo y ancho, primero les hubiera preguntado si habría más, menos o la misma cantidad de agua para beber después

de que él la hubiera vertido, a continuación, los niños hubieran dado la respuesta correcta. Algunos dijeron "solo está vertiéndolo" —el lenguaje les ayudó a trabajar en lo que sucedería y de hecho aceleró su desarrollo.

La combinación de todos los modos (enactivo, icónico y simbólico) hizo más fácil para ellos entender lo que estaba sucediendo. Si los niños usan una bola de plastilina para hacer diferentes formas y al mismo tiempo explican lo que están haciendo, los niños entienden fácilmente la conservación de volumen —incluso si hubieran anteriormente fallado las pruebas de conservación de Piaget.

¿Dentro o fuera de?

El modelo de Piaget se basa en el desarrollo que sucede desde dentro del niño, en una secuencia establecida. A pesar de que requiere la interacción con el medio ambiente y otras personas, el niño es el componente clave e instigador.

Bruner tomó un punto de vista diferente, haciendo que el medio ambiente y otras personas fueran mucho más importantes. El aprendizaje de los niños está activado por los adultos y otros niños.

Es a través de su interacción con los demás que los niños vienen a impartir un sentido a sus acciones y sonidos. Si un niño quiere alcanzar algo y no puede tomarlo, la otra persona le pasa el objeto. Entonces ellos aprenden que para llegar a algo deben actuar como señalador, ya que así es como se interpreta. Señalar, a continuación,

"Nos convertimos en nosotros mismos a través de otros."
Lev Vygotsky, 1896-1934

se convierte en una acción con su propio significado —un significado otorgado por las acciones de otros. Esta es una forma de aprender de "afuera hacia adentro", con influencia del mundo exterior ayudando a formar la cognición del niño.

Cómo formar un cerebro que funcione

Para hacer sus cerebros aptos para la vida normal, independiente, los niños tienen una gran cantidad de trabajo por hacer. En primer lugar, construyen los esquemas que necesitan con el fin de estructurar el conocimiento (véase la página 223 [en ¿Para qué has venido aquí?]). Luego necesitan asimilar nuevos conocimientos poniéndolos en sus

¿PENSAR LO IMPENSABLE?

Los esquemas de alguien pueden ser estructurados de manera que sea imposible una relación útil entre ellos. Por ejemplo, el esquema de alguien para "matrimonio" y su esquema para "homosexualidad" podría hacer que el concepto de matrimonio gay sea incomprensible para ellos, no pueden ver cómo las dos palabras pueden ir juntas y significar cualquier cosa. Si no están dispuestos o no son capaces de ajustar

sus esquemas para que un ajuste sea posible, tendrán que rechazar el matrimonio gay. Curiosamente, la gente que rechaza ideas como esta suelen utilizar palabras como "impensable" o "inconcebible" —y eso es exactamente lo que estos conceptos son para ellos.

esquemas, y modificando sus esquemas para dar cabida a la información que no cabe en ellos. Por suerte, no necesitan saber lo están haciendo.

De hecho, seguimos haciendo esto durante toda nuestra vida, algunos con más gusto que otros. Cuando conoces a alguien con puntos de vista muy arraigados que simplemente rechaza como algo "sin sentido" cualquier cosa en la que no quieren pensar, estás viendo a alguien que ha renunciado a la creación de esquemas. No hay lugar en su conjunto de esquemas para algo como la banca por Internet o el arte moderno y no puede empezar a pensar en ello. No es lo mismo que investigar y decir "no gracias"; se trata de tener una "mente cerrada", una en la que los esquemas se han fosilizado. La tendencia está marcada en las personas mayores, pero a veces se encuentra incluso en personas muy jóvenes que parecen no dispuestas o no pueden tomar nuevas ideas a bordo.

Cuando los niños crecen, se vuelven capaces de realizar "operaciones", estructuras mentales de orden superior que requieren las relaciones lógicas entre los esquemas. Las operaciones hacen que una comprensión más compleja sea posible. Una vez más, podemos ver fallas operacionales en personas que son resistentes a las nuevas ideas.

¿Pizarra en blanco o un disco duro con formato?

Hay una concepción milenaria de la mente del bebé como una *tabula rasa*: una pizarra en blanco a la espera de los conocimientos que se escribirán en ella. Pero hay muchos desafíos a este punto de vista. Las acciones instintivas y reflejas están cableadas en el cerebro. El niño tiene un instinto para mamar y lo hace a los pocos minutos de haber nacido, si se le da la oportunidad.

Algunas cosas, se ha sugerido, son demasiado difíciles para que un bebé aprenda a partir de cero. Puede haber esquemas innatos, listos para ser poblados con conocimiento; así que en vez de una pizarra en blanco, el cerebro de un bebé es más como un disco duro formateado con todas las estructuras capaces de albergar conocimientos ya existentes. Noam Chomsky argumentó a favor de que el lenguaje cae en esta categoría, con el niño nacido en estado "óptimo" para aprender un idioma. Ha señalado las similitudes sintácticas entre las lenguas que hacen posible que un bebé pueda poblar su esquema del idioma con cualquier idioma que sea usado por la familia.

CEREBROS LENTOS

Las conexiones neuronales de los niños y los adultos están aisladas mediante un recubrimiento graso llamado vaina de mielina, lo que acelera la transmisión de las señales nerviosas. El cerebro de un bebé carece de estas vainas de mielina, que se desarrollan mientras el sistema nervioso madura. Así que los bebés en realidad piensan un poco más lentamente que los adultos. Los niños también tienen la memoria a corto plazo limitada, o "espacio mental".

NIÑOS SALVAJES Y OPORTUNIDADES PERDIDAS

De vez en cuando son descubiertos niños viviendo únicamente con animales salvajes, habiendo sido aislados del contacto humano de una manera u otra. Estos casos trágicos proporcionan ricas ganancias para los psicólogos quienes pueden realizar un seguimiento del desarrollo de los niños cuando están expuestos a otros seres humanos, lenguaje y actividades humanas normales y entornos.

Los niños criados por lobos o perros salvajes a menudo corren en cuatro patas, aúllan y gruñen, y comen carne cruda —actúan de la misma manera que sus hermanos caninos—. Algunos, si se encuentran lo suficientemente temprano, pueden integrarse en la sociedad humana. Ellos pueden aprender un idioma, empezar a comer alimentos cocinados y caminar erguidos. Otros, que han perdido el contacto humano por un tiempo más largo, nunca pueden adquirir el lenguaje o integrarse a la sociedad humana. Parece que hay un punto de corte en algún lugar entre los seis y los trece años. Si un niño no puede aprender un idioma antes de ese momento, nunca podrá ser capaz de aprender idiomas.

Capítulo 27

Ganarse la lotería, ¿vale la pena?

¿Compraste un billete de lotería? ¿Quieres ganar?
Puede ser mejor que tus números no salgan.

¿Cuántas veces ha soñado con ganar la lotería, o algún otro golpe de suerte que le hará rico al instante, sin la culpa del gran fraude o robo? Muchos de nosotros hemos enumerado las cosas que nos compraríamos y haríamos si de repente tuviéramos una inmensa riqueza. Y hay un montón de empresas y loterías nacionales que se alimentan de esos sueños. Pero, ¿realmente le haría feliz? ¿O está perdiendo su dinero persiguiendo un sueño que se estropearía si se realizara?

¿Un impuesto sobre la estupidez?

¿Por qué comprar un billete de lotería o colocar una apuesta en la casa de apuestas? ¿De verdad cree que puede ganar? ¿Espera usted poder ganar a pesar de que usted sabe que probablemente no lo hará? ¿O es solo "un poco de diversión"? ¿Cuál es exactamente

> *"Usted no está comprando una oportunidad de ganar, porque en realidad no hay probabilidad de que usted vaya a ganar. Usted está comprando el derecho a fantasear acerca de ganar".*
> Derek Thompson, editor de negocios en The Atlantic

la diversión en la entrega de dinero a cambio de una extremadamente pequeña posibilidad de ganar mucho dinero, que probablemente le hará miserable?

Es bien sabido que muchas personas que juegan mal pueden permitírselo. Hay una suposición arrogante entre los más acomodados de que estas personas están siendo estúpidas —que están perdiendo dinero que no tienen en una oportunidad prácticamente inexistente de ganar. Pero no lo son.

Están comprando algo cierto y positivo, la oportunidad de soñar con una vida mejor. La compra del billete es un pasaporte para salir de la lucha de la vida cotidiana, pero es una visa de turista, no un permiso de emigración. Para los días u horas entre la compra del billete y escuchar el resultado decepcionante, el titular del billete se permite soñar con una vida mejor. Ya no es más una pérdida de dinero que cualquier otro placer transitorio, como un vaso de vino o una buena comida —y bastante mejor para la salud física de muchos. El propósito del billete no es ganar— es soñar con ganar.

Ten cuidado con lo que deseas...

La mayoría de los ganadores de lotería lo echan a perder. Los estudios han encontrado que entre el 70 y el 90% de los ganadores de la lotería de Estados Unidos están quebrados de nuevo en cinco años, y eso no es lo peor de todo. Además de la pobreza, el gasto en drogas, la bebida, las prostitutas, los bienes de consumo extravagantes y negocios dudosos han llevado a muchos ganadores a tener una mala salud física y mental, al crimen, al suicidio y a la muerte violenta. Varios de ellos han matado a otros o a sí mismos en accidentes relacionados con la bebida o las drogas.

La mayoría de las personas que no están acostumbradas a la riqueza necesitan ayuda para manejarla, de lo contrario terminan como esas estrellas adolescentes pagados en exceso que van descarrilándose. Los ganadores que hacen lo mejor en términos de la gestión de sus vidas después de la victoria, son a menudo los que usan el dinero para buenas causas —dar a la caridad o la creación de un fondo fiduciario. Pero, ¿por qué no podemos hacer frente a conseguir lo que creemos que queremos?

EL ÚNICO CAMINO ES HACIA ABAJO

Un tercio de los ganadores de la lotería terminan en bancarrota, un estudio del Instituto Tecnológico de Massachusetts (MIT) de 2011 encontró que ganar entre $50000 y $150000 (£30-90000) retrasó pero no impidió la quiebra entre las personas en dificultades financieras, un hallazgo que sugiere que las inyecciones de efectivo no son el camino para ayudar a la gente que lucha (qué conveniente).

"La fiesta ha terminado y es hora de volver a la realidad. No tengo dos peniques para frotar juntos y esa es la manera que me gusta. Me resulta más fácil vivir con £42 (70 dólares) de compensación por desempleo a la semana que con un millón".

Michael Carroll, que ganó £9 700 000 (16 millones de dólares) en la lotería del Reino Unido

En 1961, Viv Nicholson ganó la entonces enorme suma de £152 319 en las quinielas (el equivalente a 2.87 millones de libras en 2014). Pronto gastó su dinero, y terminó con deudas y en problemas con la ley. Uno de sus cinco maridos murió cuando se estrelló el coche que le compró con sus ganancias. Su foto aparece en la portada del sencillo de The Smiths, "Heaven Knows I'm Miserable Now".

Todo es relativo

Un estudio realizado en 1978 por Philip Brickman y Dan Coates en Estados Unidos, investigó el nivel de felicidad de los ganadores de la lotería y de las víctimas de accidentes paralizadas, dos conjuntos de personas que habían experimentado cambios significativos en la fortuna. También estudiaron a un grupo de control de personas que no habían ni tenido un accidente ni un premio de lotería. Ellos encontraron que los dos procesos —el contraste y la habituación— llevaron a los ganadores de la lotería a ser menos felices de lo que podríamos esperar de forma automática.

Picos y valles

El punto en el cual una persona aprende de su triunfo de la lotería es generalmente uno de emoción extática y placer, por lo general es

"Gasté el 90 por ciento de mi dinero en mujeres, alcohol y autos rápidos. El resto lo perdí". George Best, estrella de fútbol soccer

una "experiencia cumbre". Es muy difícil para los eventos posteriores igualar la gloria de ese momento y así el deleite que la gente toma en los placeres más pequeños tiende a disminuir. Se encontró que ganadores de lotería disfrutaban menos de los placeres mundanos que las personas que no habían ganado la lotería.

Eso no solo se aplica a ganar la lotería. Cualquier persona con una carrera que tiende a alcanzar una altura y luego se desvanece —especialmente una que alcanza su máximo en la juventud— tiene que lidiar con este problema. ¿Qué hace un primer ministro después de dejar el puesto? ¿Por qué las ex estrellas deportivas y las ex *top model* se encuentran a veces en una espiral descendente personal? El logro de una ambición máxima puede conducir a una sensación de vacío y falta de dirección.

La lucha por algo da un propósito a nuestras vidas, que desaparece si logramos nuestro objetivo. La astrofísica Dame Jocelyn Bell Burnell, que fue polémicamente excluida del Premio Nobel de Física por su descubrimiento de los púlsares (el Comité del Premio Nobel le dio el crédito a su director de tesis, Antony Hewi-

Jocelyn Bell Burnell saca el máximo provecho de no haber ganado un premio Nobel por su descubrimiento de los púlsares.

sh) ha dicho que está contenta de no haber ganado, pues después de eso ¿a dónde más se podría ir? Ella no sería capaz de tomar tanto placer en otros premios ya que nunca podrían igualar a un Nobel. Desde entonces, ha recibido una lluvia de honores, incluyendo la orden de caballería.

La (mala) suerte del ganador

El momento de ganar es un cáliz envenenado, ya que disminuye los éxitos futuros. Pero incluso los placeres que nos imaginamos que disfrutaríamos si fuéramos ricos disminuyen con el tiempo conforme nos vamos acostumbrando a ellos. La habituación los hace menos especiales.

La gente rápidamente se acostumbra a que su hogar siempre esté cálido, a tener siempre la mejor comida e ir a los mejores hoteles y restaurantes. Al parecer, la gente puede incluso acostumbrarse y hastiarse de ser conducido por un chofer en un auto llamativo y bebiendo cocteles en las playas bordeadas de palmeras. Lo exótico se vuelve mundano —cuando todo es especial, no hay nada especial.

Al mismo tiempo, se hace más difícil disfrutar de pequeños eventos como recibir un cumplido o ver un programa de televisión favorito.

¿NÚMEROS DE LA SUERTE?

Algunas personas siempre compran los mismos números de la lotería, eligiendo a menudo los que tienen algún significado personal, como una serie de fechas de nacimiento o un número que consideran "de la suerte". Cuantas más veces sus números no se presenten, más creen en sus posibilidades de ganar en un futuro próximo. Incluso si conocen las matemáticas, se involucran en algún tipo de pensamiento místico que les anima a creer que todo número debe tener su turno. De hecho, no hay mayor probabilidad de que aparezca una secuencia aleatoria de números a que salga una secuencia como 1, 2, 3, 4, 5 y 6.

El sitio web de la lotería del Reino Unido publica una lista de los números que ganan más y menos, y de los más "atrasados", aquellos que no han salido por un tiempo. Pero cada sorteo es aleatorio, por supuesto, y los resultados de los sorteos anteriores no tienen ningún impacto en los resultados futuros. Podría ser que los mismos seis números aparezcan todas las semanas durante un año, simplemente no es muy probable.

Pero si lo que quiere es jugar a la lotería, y no quiere correr el riesgo de ganar mucho dinero, no escoja los mismos números que todo el mundo quiere. Esto significa evitar seguir un patrón obvio. Por supuesto, si quiere ganar solo una cantidad modesta para limitar el daño que la victoria le hace a su vida, escoger —dicen— los seis primeros números primos deben garantizar que si los números aparecen usted tendrá que compartir con un montón de otras personas.

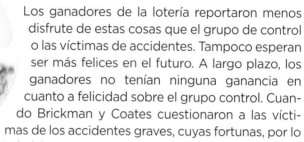

Los ganadores de la lotería reportaron menos disfrute de estas cosas que el grupo de control o las víctimas de accidentes. Tampoco esperan ser más felices en el futuro. A largo plazo, los ganadores no tenían ninguna ganancia en cuanto a felicidad sobre el grupo control. Cuando Brickman y Coates cuestionaron a las víctimas de los accidentes graves, cuyas fortunas, por lo tanto habían sufrido una debacle importante, los investigadores descubrieron que ellos, también, contrastaron su vida anterior con su situación actual. La comparación los hizo más miserables, especialmente ya que tendían a ver su situación pasada a través de lentes entintados color rosa, recordándolo como más agradable de lo que realmente parecía en ese momento. Esto acentuó su sentimiento de pérdida.

¿ACASO LAS PALOMAS SUEÑAN CON GANAR LA LOTERÍA?

Se podría pensar que el juego es un comportamiento especialmente humano. No es así. Dadas dos opciones, una de las cuales da alimentos 50% del tiempo y la otra da alimentos el 75% de las veces, las palomas prefieren enfáticamente la primera opción. Parece que la emoción de la apuesta les gusta a las palomas. Así que tal vez el deleite que los seres humanos obtienen de los juegos de azar es, en algún nivel basal, biológico. Cuando usted compra un billete de lotería, usted no está siendo más inteligente que una paloma...

La última página

¿Quién es?

¿Qué pasó?

¿Te acuerdas?

Ella aparece en la página 222.
(¿Para qué has venido aquí?)

**¿Qué significa ana-
gnorisis?**
¿Eres corpulento?
Si no te acuerdas lo
que significa anagno-
risis, esta idea te po-
dría ayudar: ¿Estás
casado con tu ma-
dre? (Página 223.)

CRÉDITOS DE IMÁGENES

Anne Rooney: 195. Ansgar Walk: 11. Bridgeman: 185 (Private Collection/Look and Learn). Bundesarchiv, Bild: 57. Carl Lender: 42. Clipart: 15, 31, 39, 40, 51, 105, 113, 153. Corbis: 37 (Ann Kaplan), 70 (Hulton-Deutsch Collection), 97, 103 (Bettmann), 181 (Sunset Boulevard), 187 (CinemaPhoto), 204 (Matthew Aslett/Demotix), 221 (CHIP EAST/Reuters). Foto Ad Meskens: 8. Gaetan Lee: 28. Getty: 84 (Time & Life Pictures), 131, 154 (NY Daily News), 173 (Fox Photos), 242 (NY Daily News), 298. Kobal Collection: 54, 100. Lorna Tilley: 60. Mary Parrish: 118t. NASA: 196tr, 196tl. National Photo Company Collection: 75. nyenyec: 49. OpenStax College: 20. Peter Trevaris: 16. Science and Society Picture Library: 299 (Daily Herald Archive/National Media Museum). Shutterstock: 7, 9, 10, 19, 24, 25, 27 (Monkey Business Images), 29, 33, 34, 36, 38, 46, 52, 58, 62, 63, 64, 66 (spirit of america), 67 (Joe Speer), 71t, 73, 77 (Antoine Begeler), 80, 87, 88, 91, 92, 94, 109, 114, 115, 116, 118b, 120, 123, 124, 125, 130, 133, 144, 149, 150 (Canada panda), 152t (PiXXart), 152b, 158, 160, 167, 170, 175, 177, 179, 180, 189, 192b, 203, 207, 209, 212 (Barone Firenze), 214, 215, 217, 218, 219, 223, 226, 227t, 227b, 229, 230, 233 (skyfish), 241, 243 (bibiphoto), 247, 254, 256, 257, 258, 261, 262 (Rob Wilson), 267, 270, 272, 273, 278, 279, 282 (Oleg Golovnov), 283, 285, 287, 289, 290, 293, 294, 296t, 296b, 300, 302. W. E. F. Britten/Adam Cuerden: 129. Wellcome Library, London: 6, 13, 47, 83.